# ELOGIO DA LOUCURA

# ELOGIO DA LOUCURA

*Erasmo de Rotterdam*

Tradução
MARIA ERMANTINA GALVÃO G. PEREIRA

Revisão
ROBERTO LEAL FERREIRA

*wmf* **martinsfontes**

SÃO PAULO 2019

**1ª edição** *1990*
**3ª edição** *2019*

**Tradução**
*MARIA ERMANTINA GALVÃO*

**Revisão da tradução**
*Roberto Leal Ferreira*
**Cronologia elaborada por**
*Roberto Leal Ferreira*
**Revisão gráfica**
*Ana Luiza França*
**Produção gráfica**
*Geraldo Alves*

**Dados Internacionais de Catalogação na Publicação (CIP)**
**(Câmara Brasileira do Livro, SP, Brasil)**

Erasmo, de Rotterdam, 1466-1536.
Elogio da loucura / Erasmo de Rotterdam ; tradução Maria Ermantina Galvão G. Pereira ; revisão Roberto Leal Ferreira. – 3. ed. – São Paulo : Editora WMF Martins Fontes, 2019.

Título original: Élogie de la folie.
Bibliografia.
ISBN 978-85-7827-987-5

1. Erasmo de Rotterdam, 1466-1536 2. Filosofia moderna 3. Sátira latina, medieval e moderna I. Título.

19-29988 CDD-190
877

**Índices para catálogo sistemático:**
1. Erasmo : Filosofia moderna 190
2. Sátira : Literatura latina 877

Maria Paula C. Riyuzo – Bibliotecária – CRB-8/7639


***Editora WMF Martins Fontes Ltda.***
*Rua Prof. Laerte Ramos de Carvalho, 133 01325.030 São Paulo SP Brasil*
*Tel. (11) 3293.8150 e-mail: info@wmfmartinsfontes.com.br*
*http://www.wmfmartinsfontes.com.br*

# *Índice*

# *Prefácio*

Quando homens de nosso tempo são tomados pelo desejo de traduzir uma obra do latim, quase não lhes ocorrem Horácio ou Juvenal, que tentavam nossos pais. Por que não se voltar para um desses belos livros, escritos nesse latim que foi a língua ainda viva do Humanismo? Todo um tesouro, quase desconhecido, continua aberto à sua curiosidade. Nesses livros, saboreariam a surpresa do vocabulário clássico expressando sem dificuldade as idéias do Renascimento, tão próximas das nossas; neles encontrariam material para comparações instrutivas com as primeiras grandes obras das literaturas modernas. Entre os poetas franceses, por exemplo, Michel de l'Hospital ou o agradável Muret das *Juvenilia* mostram-se dignos de seus amigos da *Pléiade* que, apesar da diversidade da linguagem, os consideravam seus êmulos. Quanto a mim, faz muito tempo que prefiro a leitura de Petrarca latinista ou de Poliziano à de Cícero, e, amiúde, é pelos bons humanistas italianos e franceses que volto aos autores antigos, nossos mestres em comum.

Erasmo, chefe inconteste dos espíritos do Renascimento nos países do Norte, deveria atrair-nos com mais freqüência. O famoso *Elogio* não é sua obra-prima; o autor nunca o considerou como tal, tendo ele mesmo ficado surpreso com seu sucesso. É um ensaio que não se compara com suas obras da maturidade. Como o *Ciceronianus* espelha melhor a marca pessoal de seu espírito! Como os *Colóquios* mostram com mais nitidez os costumes da época, pintam com mais clareza essas várias condições da vida dentre as quais a Loucura apenas passeia com seu cetro encimado por guizos! O livro estava longe de satisfazer o gosto universal dos contemporâneos. Encontrou contestadores de marca: "Ele conta" – escreve um deles – "com o inflamado elogio da maioria, com a admiração sincera de muita gente. Entretanto, nele notareis muito mais a impudência de Erasmo do que a força de seu estilo. Ele ri, brinca, diverte-se, irrita-se, ataca, invectiva; chega até a zombar de Cristo. O raciocínio é inteiramente banal, vulgar e desajeitado." Assim fala a má língua de Étienne Dolet.

Esta ninharia, no entanto, teve imensa difusão. Este passatempo de letrado em viagem (pois não passava disso) agitou as multidões, abalou a Igreja, inquietou os grandes e contribuiu para dispor a Alemanha a escutar os reformadores. Como a Contra-Reforma católica não foi menos preparada pela sátira decisiva dos abusos, pode-se dizer que este livrinho ultrapassou em tudo as intenções e as esperanças do autor. Foi, sem que ele o houvesse imaginado, o navio incendiário do Renascimento que pôs fogo em velhas frotas infestadas de ratos e incitou as gerações mais livres a novas navegações.

É uma obra singular, onde há mais humor do que espirituosidade e mais erudição do que graça. Contudo, ela nos cativa e, quando começamos a escutar o sermão que Dona Loucura, debaixo de seu gorro com guizos, prega a essa boa gente, queremos saber aonde ela nos leva e ouvi-la até o fim. Mas como apresentar a leitores de hoje esta ficção de um pedantismo que se mostra sorrindo, os provérbios gregos que tornam pesado um texto já sobrecarregado de reminiscências literárias e mitológicas, a longa facécia concebida para divertir eruditos e diretores de colégios e que jamais teve a ambição de chegar até nós?

Para traduzir com fidelidade este latim prolixo e cheio de imagens cumpriria recobrar a língua de um francês do século de Erasmo. À primeira vista, pensa-se que a de Rabelais seria suficientemente adequada; nela, porém, o estilo é colorido demais, a truculência exacerbada. Para alguns achados felizes, quantas decepções! É pena que Rabelais não possa servir a Erasmo como Erasmo lhe serviu. Ele sabia bem e, sendo homem de bem, reconhecia abertamente que toda sua formação intelectual vinha do mestre. Deve-lhe sua melhor substância. Que se diga de uma vez por todas, sem diminuir a glória de Rabelais: se Erasmo não tivesse escrito, Rabelais não seria considerado um "pensador"...

A língua de Montaigne, seu período abundante, seu modo de inserir os textos antigos, talvez fossem convenientes a nosso intento. Entretanto, é a prosa de Henri Estienne que nos pareceria ser a mais bem escolhida. A *Apologie pour Hérodote* (Apologia para Heródoto), os *Dialogues du langage français italianisé* (Diálogos da língua francesa italianizada) por certo forneceriam o instrumento mais bem adequado. Aliás, há entre os dois escritores uma afinidade bem estreita. Bons helenistas e "lucianizantes" experientes, ambos têm idéias em comum sobre o uso corrente do latim, combatem da mesma maneira o "ciceronismo" à italiana e, sabendo pensar livremente, conseguem escrever livremente. Estienne, que foi da escola de Erasmo como todo o século, é um discípulo de escol, que em sua profissão usufruiu a vantagem de ser bilíngüe, ao passo que o mestre universal teve a desgraça de escrever todas as obras na língua que ia morrer.

Só posso pôr a seu serviço a língua de um tempo ingrato, em que os estudos antigos, embora ainda conservem fiéis muito ardorosos, contam com seguidores cada vez menos numerosos, tempo em que a educação da juventude já não é aquela cujos princípios erasmianos foram transmitidos por Melanchthon, Vives, Rabelais e Montaigne às nações do Norte. A decadência das humanidades vai deixar-nos muito desarmados para reclamar o melhor de nossa herança espiritual. O próprio termo *humanismo*, tão belo, e que outrora eu contribuí para tornar francês, já é usado indiscriminadamente e quase nunca expressa seu verdadeiro sentido.

Trabalhemos para manter-lhe o elevado significado, e salvemos da tradição literária o que pode ser salvo. O humilde trabalho de um tradutor não é inútil. À satisfação que sente pelo serviço prestado, acrescenta-se uma recompensa que já lhe é suficiente: entrou, com a chave certa, na intimidade de seu autor; surpreendeu, através dos procedimentos de seu estilo, os secretos movimentos de seu pensamento.

Os bibliófilos sempre procuraram o *Elogio da loucura*. O mais entusiasta que conheci foi Marco Besso, de Trieste, que conservava, em sua biblioteca, todas as suas edições e traduções, com todas as obras relativas a Erasmo. Erigiu ao *Elogio* um verdadeiro monumento em sua publicação feita em 1918, em Roma. A todas as pesquisas que aí se encontram resumidas, a edição J.-B. Kan acrescentou elementos críticos. Sem desprezar tamanhos recursos, trabalhei a partir da rara edição de meu compatriota Charles Patin. Esta reproduz o comentário filológico de Gérard Lister, aprovado pelo autor que esclarece nossa ignorância sobre tantas alusões e citações anônimas, correntes no texto como a filigrana no papel. Mas este *Encomium Moriae*, publicado em Basiléia em 1676, tem outros méritos. É oferecido a Colbert mediante uma bela dedicatória latina (*...Regis ab intimis consiliis et secretioribus mandatis, generali aerarii moderatori, summo regiorum aedificiorum praefecto* etc.). Charles Patin, médico, numismata e viajante, conta como, após ter percorrido a Inglaterra, Bélgica, Alemanha e Itália, para comparar os métodos de medicina, fixou-se em Basiléia e fez um precioso achado, na biblioteca da Universidade. Trata-se dos oitenta e três desenhos a bico de pena que Holbein fez nas margens da edição de 1514 e, segundo as anotações de Erasmo, foram por ele vistos e muito lhe agradaram. Charles Patin foi o primeiro a julgar útil dá-los a conhecer ao público apresentando-os com o texto e, munido da autorização dos magistrados da cidade, obteve uma edição de caráter inteiramente novo.

Os colecionadores da época apreciaram esta ilustração do *Elogio da loucura*, feita a partir de cópias de Settler, de Berna, gravadas por Merian, de Frankfurt. Algumas gravuras são estampadas no texto; mas as que ultrapassam a justificação são simplesmente coladas e dobradas nos espaços brancos reservados. Todos gostaram do sabor ácido e um tanto rústico dessas composições de Basiléia, popularizadas desde então por reproduções mais fiéis. É agradável folheá-las na obra que as revela. Patin acrescentou-lhes uma biografia latina de Holbein e um *index operum*, curiosa tentativa de catálogo racional, onde se vê que ele mesmo possuía pinturas do mestre. O retrato gravado dos dois contemporâneos e depoimentos selecionados acabam por fazer desta obra um monumento à glória do escritor e do pintor.

Tantas vezes reproduzidos desde então, os desenhos de Holbein parecem ligados ao texto de seu amigo. Entretanto, os novos ilustradores sempre transportaram a seu próprio tempo a sátira de Erasmo. Assim é que Eisen, em Paris, e Chodoiwiecky, em Berlim, transpuseram o *Elogio* para divertidas cenas do século XVIII. Lepère, na França, fez o mesmo para o início do século XX. Chas-Laborde, pondo a serviço do texto imortal a mais espantosa fantasia, fez a primeira tentativa, desde Holbein, de recolocar os fantoches de Erasmo na atmosfera em que foram concebidos.

O editor francês de 1676 parece preocupado em apresentar ao ministro de Luís XIV um Erasmo despojado de qualquer suspeita de heterodoxia. A reputação que devia a seus inimigos persistia no século XVII e ia persegui-lo para sempre. Os monges, mesmo regenerados, têm um rancor duradouro, e quando a Sorbonne condena, é por muito tempo.

Lutai, caro Patin, para arrasar a calúnia! Tornai pública esta nobre filosofia cristã, que ilumina o imenso trabalho da vida de Erasmo e transparece até nos desenfreados jogos de seu espírito! Recolocai na perspectiva correta o panfleto que apresentais a vossos leitores, esta sátira dos homens da Igreja que poupa em seus ataques a própria Igreja, esta violenta imagem do papa Júlio II que mantém fora da discussão o papado, esta malícia sem maldade que procura tornar os homens melhores e de modo algum dividi-los! Poderíeis lembrar que o teólogo que refutará Lutero nunca cessou de apelar para a unidade romana, que conservou em Roma as mais fiéis amizades, mesmo no Sacro-Colégio onde só não foi admitido porque não quis, e que não achou necessário, para destruir os abusos, derrubar a instituição que abrigava a cristandade. Poderíeis notar que nisso teve certo mérito e pôs em risco sua tranqüilidade; mas, dizia ele, "quaisquer que sejam os perigos que me ameacem na Alemanha, nunca escutarei nada além de minha consciência, não aderirei a nenhuma seita nova, nunca me separarei de Roma". A vasta correspondência de Erasmo está repleta de afirmações desse gênero, cuja sinceridade é atestada por seus livros e sua carreira. Como duvidar da lealdade de um escritor que, dando o mais alto valor à liberdade de escrever, a mantém por toda a vida a serviço de suas crenças?

Entretanto, ó Patin, ainda pairam dúvidas a este respeito, e nem vós, nem eu nada podemos fazer. Os homens não querem ser perturbados em suas lendas e não gostam que lhes mudem sua verdade. Nosso Erasmo continuará a parecer suspeito a seus correligionários, por ter escrito o *Elogio da loucura*.

Como previa pouco das futuras batalhas, quando arquitetava, trotando em seu cavalo, suas picantes ironias nas ruins estradas dos Alpes e ao longo do vale do Reno! Estava deixando a Itália, após uma estada de três anos, ébrio de estudo e de antigüidade, tendo freqüentado os grandes sábios do momento, saboreado os encantos de uma civilização incomparável, que parecia unir, para o ensino do mundo, a sabedoria reencontrada dos autores antigos à divina revelação de Jesus Cristo. O humanista prometia a si mesmo servir a essa grande causa e ensinar os homens a serem melhores cristãos. O alegre passatempo que permitia à sua pena, ele o enviava a seu melhor amigo, o íntegro e piedoso Tomás Morus, que iria rir com ele. Aí está um fiador de peso. Como pôde o pequeno livro não desarmar seus censores, apenas pelo ilustre nome a quem o livro é dedicado, o futuro chanceler da Inglaterra, martirizado por sua fé católica e colocado pela Igreja entre seus santos!

PIERRE DE NOLHAC

# *Cronologia*

## *ERASMO E SEU TEMPO*

1466. Nasce, a 26/10, Greer Geertsz (Erasmo), filho ilegítimo de um padre e da filha de um médico.
Nasce Quentin Metsys.
1469. Nasce Maquiavel.
1475. Erasmo entra para a escola dos Irmãos da Vida Comum, em Deventer.
*A Anunciação*, de Leonardo da Vinci.
Nasce Michelangelo.
Morre Thierry Bouts.
1477. Nasce Ticiano.
1478. Nasce São Tomás Morus, que será grande amigo de Erasmo.
1480. Nasce Martim Dorpius, amigo de Erasmo, a quem escreverá a carta incluída neste volume.
1482. Morre Hugo van der Goes.
*Teologia platônica*, de Marsilio Ficino.
1483. *Virgem dos Rochedos*, de Leonardo da Vinci.
Nascem M. Lutero e Rafael.
1484. Entra na escola dos Irmãos da Vida Comum em Hertogenbosch.
Nasce Zwinglio.
1487. Entra no convento dos Agostinianos, em Steyn.

1491. Nascem Sto. Inácio de Loyola e Henrique VIII.
1492. É ordenado padre; nomeado secretário particular do arcebispo de Cambrai.
Colombo na América.
Morre Piero della Francesca.
1493. Nasce Paracelso.
1494. Chega a Paris, onde vai estudar Teologia.
Tratado de Tordesilhas.
Nasce Rabelais.
Morrem H. Memling e Angelo Poliziano.
1497. Consegue o bacharelado, em Paris.
Nasce H. Holbein, autor de retratos famosos de Erasmo e de ilustrações para o *Elogio da loucura*.
1498. Vasco da Gama nas Índias.
1499. Primeira viagem à Inglaterra; amizade com São Tomás Morus.
1500. Volta a Paris, onde edita os *Adágios*.
Cabral no Brasil.
Nasce Carlos V.
1500/1504. Vive entre a França e a Holanda: dois anos em Louvain.
1504. Publica o *Enchiridion militis christiani* (Manual do soldado cristão).
*David*, de Michelangelo.
*Sposalizio*, de Rafael.
1505. De volta a Londres. Primeira coletânea da Correspondência.
1506/1508. Viagem à Itália: nomeado professor de Teologia em Turim; estada de dez meses na casa do editor Aldo Manucio, em Veneza; estuda grego.
1509. Viagem à Inglaterra. Escreve *Elogio da loucura*.

Rafael inicia a pintura dos afrescos da Stanza della Segnatura, no Vaticano.
Nasce Calvino.

1510. Morrem Giorgione e Botticelli.

1511. Publicação de *Elogio da loucura* em Paris; ensina grego e teologia em Cambridge.
Lutero visita Roma.
Rafael termina os afrescos da Stanza della Segnatura (*A escola de Atenas, Disputa* etc.).

1512. Erasmo consegue um reitorado em Kent.
Abertura do V Concílio Ecumênico de Latrão.

1513. *O príncipe*, de Maquiavel.
Morre Júlio II. Leão X torna-se papa.

1515. Holbein desenha as ilustrações de *Elogio da loucura*. Carta a Dorpius.

1516. Erasmo publica sua edição do Novo Testamento com comentário e o *De Institutione principis christiani* (Da Educação de um príncipe cristão).
São Tomás Morus publica *A utopia*.

1517. *A questão da paz*. Lutero afixa as 95 teses de Wittemberg (31/10).

1518. *A mandrágora*, de Maquiavel.

1519. Erasmo intervém no problema luterano.
Carlos V, imperador.
Cortez no México.
Magalhães parte para a primeira volta ao mundo.
Morre Leonardo da Vinci.

1520. Lutero rompe com Roma. Henrique VIII e Francisco I pedem a Erasmo seu parecer sobre Lutero.
Morre Rafael.

1521. Morre Leão X.
Édito de Worms, contra Lutero.

1522. Publica uma nova edição, ampliada, de *Colóquios*.
1523. *Contra Lutero*, São Tomás Morus.
1524. Erasmo publica *De libero arbitrio* (contra Lutero).
Morre Gérard David.
Provável nascimento de Camões.
1526. Lutero escreve *De servo arbitrio*, contra Erasmo, que responde duramente com seu *Hyperaspistes adversum servum arbitrium Luteri* (Defesa contra o servo arbítrio de Lutero): ruptura completa entre Erasmo e Lutero.
1527. Saque de Roma.
Morre Maquiavel.
1528. Morre Dürer.
1529. O culto católico é proibido em Basiléia; Erasmo foge para Friburgo.
Lutero publica seus dois *Catecismos*.
São Tomás Morus, chanceler da Inglaterra, publica o *Diálogo sobre as heresias*.
1530. Erasmo publica "Do que se deve fazer para restaurar a Concórdia da Igreja".
Dieta de Augsburgo.
Morre Quentin Metsys.
1532. Pizarro no Peru.
Tomás Morus demitido do posto de chanceler.
Martin Afonso de Souza em São Vicente.
*Gargantua*, de Rabelais.
1533. Edição definitiva de *Colóquios*.
Henrique VIII casa-se com Ana Bolena: ruptura com Roma.
1534. Sto. Inácio de Loyola em Paris.
1535. São Tomás Morus decapitado em Londres. Erasmo é cogitado para o cardinalato, em Roma.

1536. Na noite de 11 para 12 de julho, Erasmo morre em Basiléia, aos 69 anos. Suas últimas palavras foram "bieve God" (Bom Deus, em holandês).
Michelangelo inicia a pintura do *Juízo Final.*
Calvino publica a *Instituição cristã.*

## *Nota Desta Edição*

A presente tradução foi feita a partir da tradução francesa de Pierre de Nolhac, com notas de Maurice Rat.

*O Editor*

# *Erasmo de Rotterdam*[1] *a seu Caro Amigo Tomás Morus*[2]

## *Saudações*

Nestes últimos dias, viajando da Itália para a Inglaterra[3] e tendo de ficar todo este tempo a cavalo, não sentia vontade nenhuma de perdê-lo nessas tagarelices banais em que as Musas não tomam parte. Preferia meditar alguns pontos dos estudos que nos são comuns, ou então recordar-me dos bons amigos que deixara. São tão sábios e tão sutis! Tu foste dos primeiros, ó Morus, a apresentar-te a meu espírito. Tua lembrança, caro ausente, me é tão grata como o foi outrora tua presença familiar; e que eu morra se um dia tive, em toda minha vida, alegria mais doce!

Querendo, pois, ocupar-me a qualquer preço, e não sendo as circunstâncias muito favoráveis ao trabalho sério, tive a idéia de compor, como distração, um elogio da Loucura. Que Palas, dirás, a pôs em tua cabeça[4]? É que logo pensei em teu próprio nome, Morus, que é tão próximo do da Loucura (Moria)[5] quanto tua pessoa dela se afasta; és mesmo, no consenso geral, seu maior adversário. Supus também que este divertimento de meu espírito ganharia tua aprovação, porque não temes este gênero de pilhéria que se pode tornar douto e agradável e, no cotidiano da vida, tens muita coisa em comum com Demócrito[6]. Decerto, a profundidade do pensamento afasta-te muito do vulgo; mas tens tanta afabilidade e caráter tão indulgente que sabes acolher assuntos humildes e com eles divertir-te. Receberás, portanto, com benevolência esta pequena declamação[7] como uma lembrança deste teu amigo[8], e aceitarás defendê-la, pois ela já não me pertence, e sim a ti, em virtude da dedicatória.

Não faltarão os detratores. Pretenderão que estas ninharias são, umas mais frívolas do que convém a um teólogo, outras mordazes demais para não ferir a reserva cristã; espalharão aos quatro ventos que estou ressuscitando a comédia antiga[9] e Luciano[10], e que a todos arraso sem piedade. Realmente aqueles a quem ofende a ligeireza do tema e este tom de brincadeira bem que deveriam pensar que em nada inovo. Grandes autores fizeram o mesmo. Faz muitos séculos, Homero distraiu-se com o combate entre os ratos e as rãs[11]; Virgílio, com o *Culex*[12] e o *Moretum*[13]; Ovídio, com a *Nux*[14]; Polícrates escreveu o elogio de Busíris, refutado por Isócrates[15]; Glauco compôs o elogio da Injustiça[16]; Favorino, o de Tersites e o da febre quartã[17]; Sinésio, o da Calvície[18]; Luciano, o da Mosca e do Parasita[19]. Enquanto Sêneca compôs uma apoteose de Clândio[20], Plutarco deleitou-se em escrever o diálogo de Ulisses com Grilo[21]; Luciano e Apuleio divertiram-se com o asno[22], e não sei quem se distraiu com o testamento de um leitão chamado Grunnius Corocotta[23], mencionado por São Jerônimo[24]. Se meus censores quiserem, que imaginem que quis distrair-me jogando xadrez ou, como uma criança, cavalgando um cabo de vassoura[25].

Cada qual pode distrair-se como quiser das diversas lidas da vida; que injustiça recusar este direito apenas ao trabalhador do espírito! Sobretudo quando as ninharias levam a coisas sérias, sobretudo quando o leitor, se tiver um pouco de faro[26], delas tira mais proveito que de muitas dissertações graves e pomposas. Este compila um elogio da Retórica ou da Filosofia, aquele o panegírico de um príncipe ou a exortação ao combate contra os turcos; existem escritores que adivinham o futuro, outros que imaginam questões sobre o pêlo das cabras[27]. Nada é mais tolo do que tratar com seriedade coisas frívolas, nada mais espiritual do que fazer as frivolidades servirem às coisas sérias. Compete aos outros julgar-me; porém, se não é o amor-próprio[28] que me engana, creio ter elogiado a Loucura de um modo não totalmente louco.

A quem me censurar o sarcasmo, responderei que o escritor sempre teve a liberdade de zombar impunemente das condições comuns da vida, contanto que não seja ofensivo. Admiro a delicadeza dos ouvidos de nosso tempo, que já não admitem senão uma linguagem sobrecarregada de solenes lisonjas. Até a religião parece ser compreendida às avessas, quando vemos pessoas menos escandalizadas pelas maiores blasfêmias contra Jesus Cristo do que pelo mais leve gracejo sobre um papa ou sobre um príncipe, mormente se comem seu pão[29].

Criticar os costumes dos homens sem atacar ninguém pessoalmente, será algo realmente mordaz? Não será antes instruir e aconselhar? De resto, não faço sem cessar minha própria crítica? Uma sátira que não poupa nenhuma das condições humanas não agride homem algum em particular, mas sim os vícios de todos. E se alguém se levanta e grita que foi ferido, é que realmente se reconhece culpado, ou pelo menos se confessa inquieto. Neste gênero, São Jerônimo mostrou-se mais livre e mais acerbo, às vezes sem poupar os nomes. De minha parte, abstive-me de mencionar um único nome, e tanto moderei meu estilo que o leitor inteligente verá sem dificuldade que meu intuito era divertir, de modo algum magoar. Não remexi, como Juvenal, no esgoto dos vícios ocultos; não cataloguei as torpezas, mas sim os ridículos. Se ainda houver um obstinado que esta argumentação não tranqüilize, peço-lhe que pense na honra que é ser atacado pela Loucura, pois é ela que ponho no palco, com todas as características de sua personagem.

Mas por que tantas explicações a um advogado como tu, que defendes com perfeição mesmo as causas medíocres? Deixo à tua mestria o cuidado de defender esta *Moria* que te pertence. Adeus, eloqüentíssimo Morus!

No campo, 9 de junho de 1508[30].

# *Fala a Loucura*

I – As pessoas deste mundo falam muito de mim, e estou a par de todo o mal que se ouve falar da Loucura, mesmo entre os loucos. E no entanto sou eu, e mais ninguém, que alegro os Deuses e os homens. Hoje mesmo isto é amplamente comprovado, pois me bastou aparecer diante deste numeroso auditório para surgir em todos os olhos a mais resplandecente alegria. Imediatamente, vosso rosto ergueu-se para mim[31] e vosso amável riso aplaudiu-me todo contente. Vejo-vos todos, não importa quantos sejais, ébrios do néctar dos deuses de Homero, misturado, porém, com um pouco de nepentes[32], ao passo que há um instante estáveis sentados, preocupados e tristes, como fugitivos do antro de Trofônio[33].

Quando o belo sol revela à Terra sua face dourada, ou quando, depois do rude inverno, a doce primavera retorna e sopra os zéfiros[34], tudo se transforma na natureza, tudo se rejuvenesce de novas cores; assim também, logo que me vistes, vossa fisionomia transformou-se. O que os retóricos, aliás consideráveis, não obtêm com seus discursos, senão com grande esforço preparatório, isto é, expulsar das almas o tédio, tive apenas que me mostrar para consegui-lo.

II – Por que vesti hoje esta roupa inusitada, vós logo o sabereis, contanto que me presteis ouvidos; não aqueles que vos servem para ouvir as prédicas sacras, mas os que se afinam tão bem na feira, diante dos charlatães, dos bufões e dos palhaços, ou então a orelha de burro que nosso rei Midas exibiu diante do deus Pã[35].

Quero bancar um pouquinho o sofista convosco, não como aqueles que inculcam à juventude parvoíces maçantes e lhe ensinam uma discussão mais teimosa do que a das mulheres, mas sim como aqueles antigos que, para escapar da denominação desonrosa de Sábios, escolheram a de Sofistas. Seu zelo era aplicado em compor elogios aos deuses e heróis. Ouvireis, pois, um elogio; não o de Hércules, nem o de Sólon, mas o meu, o da Loucura.

III – Afastemos os sábios, que consideram insano e impertinente quem faz o próprio elogio. Se isto é ser louco, convém-me às mil maravilhas. Que melhor para a Loucura do que trombetear ela mesma sua glória e cantar-se a si mesma[36]! Quem me pintaria com mais veracidade? Não sei de ninguém que me conheça melhor que eu mesma. Creio, aliás, demonstrar nisso mais modéstia do que este douto ou aquele grande que, por perverso pudor, suborna em seu proveito a adulação de um retórico ou as invenções de um poeta, e os paga para ouvir louvações, isto é, puras mentiras. Entretanto, nossa pudica personagem abre a cauda em leque como um pavão, levanta a crista, enquanto impudentes aduladores comparam aos deuses a sua nulidade e a apresentam, convencidos do contrário, como um rematado modelo de todas as virtudes; enfeitam a gralha com penas emprestadas, embranquecem o etíope[37] e apresentam a mosca como um elefante[38]. Afinal, utilizando mais um velho provérbio, declaro que temos razão em louvar-nos a nós mesmos quando não encontramos ninguém para fazê-lo.

E quanto me surpreendo com a ingratidão dos homens, ou melhor, com a sua indiferença! Todos me fazem a corte de bom grado, todos, faz séculos, gozam de meus favores, e ninguém manifestou seu reconhecimento celebrando a Loucura, enquanto vemos tantos perderem azeite e sono para escreverem em honra dos tiranos Busíris[39] e Fálaris[40], da febre quartã[41], das moscas, da calvície[42] e de vários outros flagelos. Ouvireis de mim uma improvisação que não foi preparada e, por isso, é mais sincera.

IV – A maioria dos oradores fala assim para se valorizar; bem sabeis que de um discurso que lhes custou trinta anos de trabalho, ou que nem sempre é de própria lavra, juram que só levaram três dias para escrevê-lo, folgadamente, ou mesmo para ditá-lo. Quanto a mim, sempre tive grande prazer em dizer tudo o que me vem à língua[43].

Esperais, talvez, de acordo com o costume da retórica, que faça minha definição em vários pontos. Não, nada farei de parecido. Não convém limitar ou dividir o império de uma divindade que reina em todos os lugares, e com tanta força, que tudo o que há sobre a Terra lhe presta homenagem. E por que me definir, me desenhar, me pintar, já que estou em vossa presença e me contemplais com vossos olhos? Sou, como vedes, esta verdadeira dispenseria da felicidade[44] que os latinos chamam *Stultitia* e os gregos, *Moria*.

V – Necessidade nenhuma há de vos dizer isto; revelo-me, como se diz[45], pela fronte e pelos olhos, e se alguém quisesse me tomar por Minerva ou pela Sabedoria, eu o desenganaria sem falar, com um único olhar, o menos mentiroso espelho da alma. Não uso pintura no rosto, não disfarço o que sinto no coração. Em todos os lugares sou o que sou, não adoto o disfarce daqueles que pretendem passar por sábios e passeiam como macacos cobertos de púrpura e asnos[46] vestidos com pele de leão[47]: Que se enfarpelem o quanto quiserem, a orelha acaba aparecendo e trai Midas.

Uma ingrata espécie de homens, muitos deles, porém, meus súditos, enrubesce em público ao ouvir meu nome e com ele ousa insultar os outros. São os mais loucos, os *morotatoi*, que querem passar por sábios, fazer-se de Tales[48]. Não deveríamos chamá-los de *Morosophoi*[49], os sábios-loucos?

VI – Assim, imitaríamos os retóricos de nosso tempo, que se acham deuses por usarem duas línguas, como as sanguessugas[50], e consideram uma maravilha inserir em seu latim alguns pequenos vocábulos gregos, mosaico amiúde fora de propósito. Se as palavras estrangeiras lhes faltam, arrancam de bolorentos pergaminhos quatro ou cinco expressões arcaicas que deitam poeira nos olhos do leitor, de maneira que os que os entendem se pavoneiam, e os que não os entendem os admiram ainda mais. As pessoas, realmente, encontram um prazer supremo no que lhes é supremamente estranho. Sua vaidade tem parte nisso; riem, aplaudem, mexem a orelha como os asnos, para mostrar que compreenderam bem[51]: "É isso, é isso mesmo!" Mas volto a meu assunto.

VII – Portanto, sabeis meu nome, homens... Que epíteto poderia acrescentar? Arquiloucos? Vá lá! A deusa Loucura não pode qualificar mais honestamente seus fiéis. Mas poucos sabem de onde venho, e é isto que vos tentarei explicar, com o amparo das Musas.

Nem Caos[52], nem Orco[53], nem Saturno[54], nem Jápeto[55], nenhum destes deuses antiquados e poeirentos foi meu pai. Nasci de Pluto[56], único genitor dos homens e dos Deuses[57], em que pese a Homero e a Hesíodo, e ao próprio Júpiter. Um mero gesto seu, hoje como outrora, convulsiona o mundo sagrado e o mundo profano; é ele quem regula a seu bel-prazer guerras, paz, governos, conselhos, tribunais, comícios, casamentos, tratados, alianças, leis, artes, prazer, trabalho... falta-me fôlego... todos os negócios públicos e privados dos mortais. Sem sua ajuda, toda a legião de divindades poéticas, ou melhor dizendo, os próprios grandes Deuses[58] não existiriam, ou, pelo menos, teriam mau passadio na morada[59]. Aquele que irritou Pluto, Palas em pessoa não o salvaria; quem ele protege pode zombar até de Júpiter trovejante. Assim é meu pai, e dele me orgulho. Não me engendrou no cérebro, como fez Júpiter com essa triste e arredia Palas, mas fez-me nascer da Juventude[60], a mais deliciosa e alegre de todas as ninfas. Entre ambos, nenhum laço do aborrecido matrimônio, bom para produzir um ferreiro manco tal qual Vulcano, mas somente o comércio do Amor[61], como diz nosso Homero, o que é infinitamente mais doce. Não penseis, peço-vos, no Pluto de Aristófanes[62], que é um velho decrépito e meio cego; meu pai foi um Pluto ainda robusto, todo inflamado de juventude[63], e não só por sua juventude, mas também pelo néctar que por certo acabava de tomar em grandes goles no banquete dos Deuses[64].

VIII – Se perguntardes onde nasci, já que hoje a nobreza depende antes de tudo do lugar onde se deram os primeiros vagidos, dir-vos-ei que não foi na errante Delos[65], nem no mar das mil dobras[66], nem nas grutas azuladas[67], mas nas Ilhas Afortunadas[68], onde se fazem as colheitas sem semeaduras nem lavra[69]. Trabalho, velhice e doença[70] ali são desconhecidos; não se vêem nos campos asfódelos, nem malvas, nem Cilas[71], tremoços ou favas, nem outras plantas corriqueiras, mas de todos os lados alegram os olhos e as narinas o mólio[72], a panacéia[73], a nepentes[74], a manjerona, a ambrósia, o lótus[75], a rosa, a violeta, o jacinto, todo o jardim de Adônis[76]. Nascendo no meio destas delícias, não saudei a vida com lágrimas, mas imediatamente ri para minha mãe[77]. Não invejo do poderoso filho de Cronos[78] sua cabra aleitadora[79], porquanto me amamentei nos seios de duas ninfas muito encantadoras: a Embriaguez, filha de Baco, e a Ignorância, filha de Pã[80]. Podeis vê-las aqui, no grupo de minhas companheiras. Vou apresentá-las a vós, mas só direi seus nomes em grego.

IX – Esta que tem as sobrancelhas franzidas é Philautía[81] (o Amor-próprio). A que ri com os olhos e aplaude com as mãos é Kolascia[82] (a Lisonja). A que parece meio adormecida é Lethes (o Esquecimento). Aquela que se apóia nos cotovelos e cruza as mãos é Misoponia[83] (a Preguiça). A que está coroada de rosas e ungida de perfumes é Hedoné (a Volúpia). Aquela cujos olhos erram sem se fixar é Anóia (a Irreflexão). A que é bem gorducha e de tez rosada é Traifé (a Languidez). E eis, entre estas jovens mulheres, dois deuses: o da Boa Mesa e o do Sono Profundo[84]. Aí estão todos os meus servidores, que me ajudam fielmente a manter o governo do Mundo e a reinar até mesmo sobre os reis.

X – Já conheceis minha origem, minha educação, meu séquito. Agora, para bem assentar meus direitos ao título divino, revelarei algumas vantagens que proporciono aos Deuses e aos homens, e até onde se estende meu império. Aguçai bastante os vossos ouvidos.

Escreveram[85], com razão, que é próprio da divindade confortar os homens, e é com toda justiça que na assembléia dos Deuses são admitidos aqueles que ensinaram o uso do vinho, do trigo e dos outros recursos da vida. Por que, então, não me reconhecer como o Alfa[86] de todos os Deuses, eu que prodigalizo tudo a todos?

XI – E antes de mais nada, que há de mais doce e mais precioso do que a própria vida? E a quem se deve o seu começo, senão a mim? De modo algum é a lança de Palas, de pai poderoso[87], nem a égide de Júpiter, o acumulador de nuvens[88], que engendram o gênero humano e o propagam. O pai das divindades e o senhor dos humanos[89], que faz tremer todo o Olimpo com um aceno de cabeça[90], na verdade é obrigado a desfazer-se de seu raio de ponta tríplice[91] e do semblante titânico[92] que aterroriza os Deuses, para se revestir de uma pobre máscara, como um ator de comédia, cada vez que quer fazer, o que faz muitas vezes, um filho.

Os estóicos têm a pretensão de avizinhar-se dos Deuses. Que me dêem um que seja três ou quatro vezes, digamos, mil vezes estóico; talvez, no caso de que nos ocupamos, não corte a barba, emblema de sabedoria que partilha com o bode[93]; mas bem que terá de largar sua arrogância, desanuviar a fronte, abdicar de seus inflexíveis princípios, e lhe acontecerá dizer algumas besteiras e aventurar algumas loucuras. Sim, sou eu, sou eu mesma quem ele chamará em sua ajuda, se quiser ser pai.

E por que não dizer claramente as coisas? É o meu jeito. Vejamos, com que são engendrados os Deuses e os homens? É com a cabeça, com o rosto, com o peito? É com a mão ou a orelha, com alguma destas partes consideradas honestas? De modo algum. O que propaga a raça humana é uma outra parte, tão louca, tão ridícula que é impossível deixar de rir ao dizer-lhe o nome. Bem mais que do "quaternário" de Pitágoras[94], é dessa fonte sagrada que todos os seres recebem a vida.

E mais, qual homem, pergunto, estenderia o pescoço ao jugo do casamento, se, como fazem nossos sábios, calculasse previamente os inconvenientes de tal estado? E qual mulher se entregaria ao homem, se meditasse sobre o grande perigo de pôr um filho no mundo e sobre as fadigas de criá-lo? Assim como deveis a vida ao casamento, deveis o casamento à minha aia Irreflexão. E a mim, vede também quanto me deveis. Que mulher, tendo passado por isso, quereria recomeçar, se o Esquecimento, que aqui está, não estivesse junto dela? A própria Vênus, pense Lucrécio[95] o que pensar, gastaria em vão sua força sem minha intervenção.

De uma brincadeira ridícula entre pessoas embriagadas provêm os filósofos sobranceiros, cujo lugar é hoje ocupado por seres vulgarmente chamados monges, e os reis vestidos de púrpura[96], os padres devotos, e os três vezes santos pontífices, e até toda essa multidão de deuses da poesia, cujo número é tão grande que o Olimpo, por mais espaçoso que seja, mal pode conter.

XII – Mas seria pouco apresentar-me a vós como a Semente e a Fonte da vida, se não acrescentasse que tudo o que nela há de bom também me é devido.

Na verdade, que seria a vida, e seria ela digna deste nome se o prazer faltasse? Vossos aplausos asseguram-me que digo a verdade. Nenhum de vós é sábio o bastante, ou melhor, louco o bastante – não, digamos sábio o bastante – para achar o contrário. Até mesmo os famosos estóicos não desdenham de modo algum o prazer. E se fogem dele e lhe lançam mil injúrias em público, é para afastar os outros e usufruí-lo mais à vontade. Que o confessem então, por Júpiter! Toda hora da vida seria triste, tediosa, insípida, maçante, se a ela não se juntasse o prazer, isto é, se a Loucura não lhe introduzisse sua malícia. Posso invocar aqui o testemunho de Sófocles, nunca louvado o bastante, que disse a meu respeito: "Quanto menor a sabedoria, maior a felicidade."[97] Mas vamos detalhadamente até o fundo do debate.

XIII – Quem não sabe que a infância é a idade mais alegre e mais agradável de viver? Se amamos as crianças, as beijamos, as acariciamos; se até um inimigo lhes presta socorro, não é porque há nelas a sedução da Loucura? A prudente Natureza a deu aos recém-nascidos para que recompensem com seus encantos quem os cria e granjeiem sua proteção. A esta idade sucede a juventude. Como é festejada por todos, mimada, encorajada, tem todas as mãos estendidas para ela! De onde vem o encanto das crianças, senão de mim, que as poupo da razão, e ao mesmo tempo das preocupações? Não é verdade? Quando crescem, estudam e se amoldam à disciplina da vida, sua graça desvanece, a vivacidade esmorece, a alegria arrefece, o vigor decresce. Quanto mais o homem se afasta de mim, goza cada vez menos a vida. Por fim, lá vem a importuna velhice, tão penosa para os outros como para si mesma[98], e que ninguém poderia agüentar, se eu não viesse mais uma vez socorrer tantas misérias.

Como fazem os Deuses dos poetas, que salvam da morte por uma metamorfose, levo de volta à meninice os velhos à beira do túmulo. Dizem deles, com toda razão, que voltaram à infância[99]. Não preciso esconder como procedo. A fonte de minha ninfa Lethes jorra nas Ilhas Afortunadas[100] (a dos Infernos não passa de um corregozinho); para lá levo meus velhinhos, que bebem longos esquecimentos[101], afogam seus padecimentos e se rejuvenescem. Acham que eles cometem disparates e despropósitos; é isso mesmo voltar a ser criança. Cometer disparates, despropósitos, não é este todo o encanto da infância? Não é um monstro detestável a criança que raciocina como um homem feito, como prova este adágio: "Detesto na criança a sabedoria precoce"...?[102]

Quem suportaria ter como amigo ou familiar um velho que aliasse à experiência completa da vida a vantagem do vigor mental e do juízo penetrante? É melhor deixarmos essa idade disparatar. O velho que me segue escapa dos males que atormentam o sábio. É um alegre beberrão; o fastio da existência, de que pode padecer uma idade mais robusta, não o atinge. Às vezes, como o velho Plauto, retorna às três letras famosas[103], o que o deixaria muito infeliz se conservasse o siso; mas é feliz por obra de minhas mercês, agradável aos amigos e à sociedade. Tanto é que, em Homero[104], fluem palavras mais doces que o mel da boca de Nestor, enquanto no discurso de Aquiles sobra a amargura; e o poeta também mostra os velhos nos muros da cidade, entretendo-se com palavras floridas[105]. Com isto, ganham até da primeira infância muito amável sem dúvida, mas carente do prazer supremo da vida, a tagarelice.

Acrescentai que os velhos adoram as crianças e que estas são loucas por eles, pois cada qual com seu igual[106]. Diferenciam-se apenas pelas rugas e pelo número dos anos. Cabelos claros, boca sem dentes, corpo miúdo, gosto pelo leite, balbucio, tolice, falta de memória, irreflexão, tudo os aproxima; e quanto mais avança a velhice, mais se acentua a semelhança, até a hora em que findam os dias, e são incapazes, como as crianças, de lamentar a vida e de sentir a morte.

XIV – Que ousem agora comparar minhas mercês às metamorfoses de que dispõem as outras divindades! Nem vou falar de seus atos de cólera; mas que fazem elas de seus protegidos? Uma árvore[107], um pássaro[108], uma cigarra[109], até uma serpente[110], como se mudar de forma não equivalesse a morrer! Eu não, é o mesmo indivíduo que restituo ao melhor e mais feliz tempo de sua vida. Se os mortais decidissem romper com a Sabedoria e vivessem sempre comigo, ao invés do aborrecimento da velhice, conheceriam o gozo da eterna juventude. Não vedes as pessoas soturnas, às voltas com a filosofia ou com as dificuldades dos negócios, a maior parte delas envelhecidas antes de ter aproveitado a juventude, porque as preocupações e a tensão contínua do pensamento lhes esgotaram progressivamente o sopro e a seiva da vida? Meus loucos, ao contrário, gordos e reluzentes[111], de pele maravilhosa, verdadeiros porcos da Arcanânia[112], como se diz, jamais passariam pelo menor inconveniente da idade, se evitassem inteiramente o contágio dos sábios. Fraquejam às vezes, não sendo perfeitos os homens, porque esquecem o dito popular, que aqui é de peso: “Apenas a Loucura conserva a juventude e afugenta a importuna velhice.”

Como tem razão o povo em elogiar a gente de Brabante, que a idade não deixa ajuizada como o resto dos homens! Eles, quanto mais envelhecem, mais loucos ficam. Não há população mais jovial e que menos se entristeça com a velhice. Meus holandeses avizinham-se deles, tanto de hábitos como de fronteiras. E por que não diria que são dos meus estes bons holandeses que me reverenciam e por isso fazem jus a uma alcunha[113]? Dizem: "loucos da Holanda" e, longe de se ruborizar, disso se vangloriam.

Ide agora, tolos mortais, rogar às Medéias[114], às Circes[115], às Vênus, às Auroras, ou a sei lá qual fonte, que vos restituam a juventude. Sou a única a ter este poder. Possuo o filtro mirífico, graças ao qual a filha de Mêmnon[116] prolongou a juventude do avô Titono. Pela Vênus que sou, Fáon[117] pôde rejuvenescer bastante para deixar Safo louca por ele. Com minhas ervas, já que ervas há, com minhas preces, com minha fonte, volta a juventude perdida, e, o que mais se deseja, não desaparece nunca mais. Se todos vós estais bem convencidos de que é ela o bem supremo, e a velhice o mais detestável dos males, vede a que ponto posso vos servir, eu que trago uma de volta e vos livro da outra.

XV – Mas não falemos mais dos mortais. Percorrei todo o Céu; consinto que meu nome seja tomado por injúria, se descobrirdes um único deus, dentre os apreciados e requestados, que não seja de minha clientela. Por que Baco é sempre o jovem efebo de belos cabelos? É que vive, ébrio e inconsciente, entre festins, danças, cantos e jogos[118], e não tem com Palas o menor comércio. Importa-se tão pouco de passar por sábio, que o culto que lhe apraz não passa de farsas e zombarias. Não se ofende com o adágio que o declara "mais louco que Móricos"[119]. Este nome de Móricos vem da estátua à entrada de seu templo, que os lavradores se divertiam em lambuzar[120] com mosto e figos frescos. Quantas palavras duras não recebeu da comédia antiga[121]! "O tolo deus –

diziam – bem digno de nascer de uma coxa!"[122] Mas quem não gostaria mais de ser esse louco e tolo deus, sempre jovial, que proporciona prazeres e alegria a todos, do que um Júpiter pouco seguro[123] e temível ao mundo inteiro, ou o velho Pã, que semeia o temor[124] por toda parte, ou Vulcano emporcalhado de cinza e sujo do trabalho de sua forja, ou a própria Palas, do olhar irascível[125], que ameaça continuamente com a Górgona e a lança! Cupido é sempre uma criança; por quê? Porque, sendo frívolo, de nada se ocupa, em nada pensa de sensato[126]. Por que a beleza da áurea Vênus é uma eterna primavera? Porque é de minha família e traz no rosto a cor de meu pai; por isso Homero a chama de áurea Afrodite[127]. Ademais, conserva sempre o sorriso, pelo que dizem os poetas e os escultores, seus êmulos. Que divindade, afinal, foi mais venerada pelos romanos do que Flora, mãe de todos os prazeres[128]?

Se estudarmos atentamente, em Homero, como se comportam mesmo os deuses mais severos, encontraremos vários laivos de loucura. Não são novidade, por exemplo, os amores e as folganças de Júpiter que governa o raio[129]. A arredia Diana, que esquece o sexo e só se dedica à caça, morre, entretanto, de amor por Endimião[130]. Gostaria que Momo[131] lhes fizesse ouvir suas verdades, o que outrora ocorria bem amiúde; mas os deuses se irritaram e o precipitaram na Terra com Ate[132], porque suas censuras importunavam a felicidade divina. E o exilado aqui embaixo não é acolhido por ninguém; não o será sobretudo na corte dos príncipes: minha companheira, a Lisonja, que aí ocupa o primeiro lugar, combina com Momo como o lobo com o cordeiro.

Desde que os escorraçaram, os Deuses divertem-se ainda mais e com muito mais liberdade. Levam vida fácil, como diz Homero[133], e ninguém mais os censura. Como lhes era motivo de riso, o Príapo de tronco de figueira[134]! Como se divertiam com os furtos e as surripiagens de Mercúrio[135]! Vulcano, no banquete divino, que se tornara o bufão de costume, chega claudicando, solta suas malícias e asneiras[136], e toda a platéia estoura de dar risada. Depois Sileno, velhote lascivo, dança o cordacismo*[137] com o pesado Polifemo, enquanto o coro das Ninfas os regala com a ginopédia[138]. Sátiros com patas de bode representam-lhes farsas atelanas[139]. Com uma canção idiota qualquer, Pã faz todos rebentarem de rir, e eles preferem o seu canto ao das Musas, sobretudo na hora em que o néctar lhes começa a subir à cabeça. Como contar o que fazem, depois da refeição, deuses que beberam conscienciosamente? É tamanha loucura que às vezes não consigo conter o riso. Mas é melhor, neste ponto, calarme como Harpócrates[140], de medo que algum deus coriciano[141] me escute revelar coisas que o próprio Momo[142] não pôde dizer impunemente.

XVI – Está na hora, à moda homérica, de deixar os céus para voltar à Terra. Nela não encontrareis alegria, nem felicidade, se eu não estiver no meio. Vede, primeiramente, com que previdência Dona Natureza, genitora e produtora do gênero humano[143], tem o cuidado de deixar em tudo uma pitada de loucura. Segundo os estóicos, a Sabedoria consiste em se fazer guiar pela razão, e a Loucura, em seguir a mobilidade das paixões. Para que a vida dos homens não fosse totalmente triste e enfado-

* O dicionário Caldas Aulete indica coracismo. O dicionário Oxford de Literatura clássica indica côrdax. O Morais escreve cordacismo e o Laudelino, cordace. O termo é repetido na nota respectiva. (N. do T.)

nha, Júpiter deu-lhes muito mais paixões do que razão. Em que proporções? De um *as* romano para meia onça[144]. Além disso, ele relegou essa razão a um cantinho da cabeça, abandonando às paixões o corpo inteirinho. Enfim, à razão isolada, opôs a violência de dois tiranos: a Cólera, que ocupa a cidadela do peito, com a fonte vital que é o coração, e a Concupiscência, cujo domínio se estende amplamente até o baixo-ventre. Como se defende a razão desses dois poderes reunidos? Mostra-o bem a conduta normal dos homens. Ela pode apenas gritar, até enrouquecer, as ordens do dever. Mas é uma rainha a que os dois fazem calar o bico, cobrindo suas palavras de injúrias; exausta, ela se cala, e se confessa vencida.

XVII – O homem, porém, tendo nascido para governar as coisas, deveria ter recebido mais do que uma pequena onça de razão. Júpiter consultou-me sobre este ponto, como, aliás, sobre o resto, e lhe dei um conselho digno de mim: o de juntar a mulher ao homem. Seria, realmente, dizia eu, um animal delicioso, louco e insensato, mas ao mesmo tempo divertido, que, na vida doméstica, mesclaria sua loucura à seriedade de seu parceiro, atenuando-lhe os inconvenientes[145]. Claro, quando Platão[146] parece hesitar em classificar a mulher entre os seres dotados de razão, nada mais quer indicar do que a insigne loucura desse sexo. Se uma mulher, porventura, tiver vontade de passar por sábia, só fará redobrar sua loucura. Vá-se ungir um boi para a palestra[147], e Minerva lá o permitiria? Não ajamos contra a natureza; agrava-se o vício ao recobri-lo com virtude e ao forçar-se seu talento. "O macaco é sempre macaco, diz o ditado grego, mesmo vestido de púrpura."[148] Da mesma forma, em vão a mulher veste a máscara, continua sempre mulher, ou seja, louca.

Poderiam levar-me a mal as mulheres por lhes atribuir a loucura, logo a mim, que sou mulher e a própria Loucura? Não, sem dúvida. Examinando-se mais de perto, é este dom de loucura que lhes permite ser, em muitos aspectos, mais felizes que os homens. Têm sobre eles, antes de tudo, a vantagem da beleza[149], que, com razão, elas põem acima de tudo, e lhes serve para tiranizar os próprios tiranos. O homem tem traços rudes, a pele rugosa, uma barba frondosa[150] que o envelhece, e tudo isso significa a sabedoria; as mulheres, com as faces sempre lisas, a voz sempre doce, a pele macia, têm a seu favor os atributos da eterna juventude[151]. Aliás, que mais procuram elas nesta vida, senão agradar o mais possível aos homens? Não é esta a razão de tantos vestidos, pinturas, banhos, penteados, ungüentos e perfumes, de toda a arte de se arrumar, se pintar, embelezar o rosto, os olhos e a tez? E não é a Loucura que mais lhes traz os homens? Eles prometem-lhes tudo, e em troca de quê? Do prazer. Mas elas só o proporcionam devido à Loucura. É mais que evidente, se lembrardes as bobagens que o homem conta à mulher, as tolices que faz por ela, cada vez que põe na cabeça conseguir o prazer.

Sabeis agora qual é a primeira e maior satisfação da vida, e do que provém.

XVIII – Existem, porém, uns homens, sobretudo de idade avançada, mais amigos da garrafa do que da mulher, e que encontram a suprema felicidade nas bebedeiras. Que sem mulheres possa existir um delicioso repasto, outros que o decidam; quanto a mim afirmo que deve ser condimentado de loucura. Se lhe faltar, verdadeira ou fingida, a loucura de um folgazão, fazem vir à mesa o bufão pago ou o parasita ridículo, cujas piadas grotescas, loucas por conseguinte, expulsarão o silêncio e o tédio. Que adianta encher a barriga com tantas iguarias fartas e apetitosas, se os olhos, os ouvidos e toda a alma não se alimentarem com risos, brincadeiras e ditos joviais? Ora, esta parte do serviço, sou eu a única a organizar. Todos estes hábitos dos festins, tirar o rei na sorte[152], lançar os dados, levantar brindes, beber e cantar cada um por sua vez, passar-se a murta depois da canção[153], e a dança, a pantomima, não foram os Sete Sábios da Grécia que os inventaram, fui eu, para a felicidade do gênero humano. E o que os caracteriza é que, quanto mais loucura contêm, mais encantam a existência. Se a vida permanecesse triste, não se chamaria vida, e é apenas por estes meios que ela foge à tristeza e a seu primo chegado, o tédio.

XIX – Alguns desdenharão esta espécie de prazer e se dedicarão mais às doçuras e aos hábitos da amizade. A amizade, garantem, deve ser preferida a tudo neste mundo; não é menos necessária do que o ar, o fogo ou a água; tamanho é seu encanto, que eliminá-la do meio dos homens seria tirar-lhes o sol; enfim, se isto pode recomendá-la mais ainda, os próprios filósofos[154] não vacilaram em inscrevê-la entre os maiores bens. Posso provar que, deste grande bem, sou a popa e a proa ao mesmo tempo[155]; minha demonstração não comporta nem silogismo do crocodilo[156], nem sorites chifrudo[157], nem qualquer outra argúcia de dialética; basta o bom senso e ele fica ao alcance da mão.

Vejamos um pouco. Conivência, engano, cegueira, ilusão a respeito dos defeitos dos amigos, complacência em tomar os mais salientes por qualidades e em admirá-los como tais, não estará isto próximo da loucura? Um beija a verruga de sua amante; outro sorve com deleite um pólipo no nariz de sua Agna querida; um pai diz, do filho vesgo, que tem o olhar de esguelha[158]. Não será a verdadeira loucura? Vamos dizê-lo e repeti-lo: é ela mesma que une os amigos e os conserva unidos.

Falo aqui do comum dos mortais, dos quais nenhum nasce sem defeitos, e o melhor é o que os tem menores. Mas entre esse tipo de deuses que são os sábios não pode estabelecer-se nenhuma amizade que não seja soturna e sem graça, e mesmo a essas poucos deles se dedicam, para não dizer nenhum. Enfim, cada qual com seu igual, e sabemos que a maior parte dos homens está afastada da sabedoria e que todos, sem exceção, desatinam de algum modo. Se, por vezes, uma simpatia mútua reúne esses espíritos austeros, ela se mantém instável, efêmera, pois entre gente severa, clarividente em excesso, se discernem os defeitos dos amigos com olhos tão penetrantes como os da águia ou da serpente de Epidauro[159]. Para suas próprias imperfeições, é verdade, têm a vista bem turva e não vêem o alforje pendurado em suas costas[160]. Assim, uma vez que nenhum homem está isento de grandes defeitos, uma vez que cumpre contar com as imensas diferenças de idade e de educação, com as quedas, os erros e os acidentes da vida mortal, perguntai como os sábios, esses Argos perspicazes, poderiam desfrutar uma hora sequer da amizade, se não interviesse em seus casos o que os gregos chamavam Euétheia, que poderíamos traduzir por loucura, ou por caráter fraco. Mas qual! Cupido, que cria e aperta todos os laços, não é inteiramente cego[161]? Assim como o que não é belo a ele parece ser[162], ele não consegue que cada um de vós ache belo o que lhe pertence, e que o velho seja apaixonado por sua velha[163] como a criança por sua boneca?

Estes ridículos assim são comuns, e deles se caçoa; e, no entanto, são eles que tornam a vida agradável e formam os laços da sociedade.

XX – O que eu disse da amizade se ajusta melhor ainda ao casamento, união estabelecida para toda a vida. Deuses imortais! Quantos divórcios e aventuras piores que o divórcio não se multiplicariam na vida doméstica do homem e da mulher, se ela não tivesse por alimento e amparo a complacência, a galhofa, a fraqueza, a ilusão, a dissimulação, enfim, todos os meus satélites! Ah! Como se realizariam poucos casamentos, se o noivo se informasse prudentemente dos folguedos com que a virgenzinha, de modos delicados e pudicos, se divertiu bastante antes das núpcias! E mais tarde, que união poderia manter-se, se a conduta das mulheres não se furtasse ao descuido e à tolice dos maridos! Tudo isto se atribui à Loucura; e é ela quem faz a mulher agradar ao marido, o marido à mulher, o lar ser tranqüilo e o laço conjugal não se romper. Riem do cornudo, do chifrudo; cada nome que lhes dão! Mas ele seca com seus beijos as lágrimas da adúltera. Feliz ilusão, não é? Mas isto é melhor do que se roer de ciúmes e levar tudo pelo lado trágico!

XXI – Vedes que sem mim, até agora, nenhuma sociedade seria agradável, nenhuma ligação duradoura. O povo não suportaria muito tempo o príncipe; o criado, o amo; a criada, a ama; o escolar, o preceptor; o amigo, o amigo; a mulher, o marido; o empregado, o patrão; o companheiro, o companheiro; o hóspede, o hospedeiro, se não se mantivessem ambos na ilusão, se não houvesse entre eles o engano recíproco, a lisonja, a prudente conivência, enfim, a lenificante troca do mel da Loucura.

Isto vos parece espantoso. Escutai algo mais espantoso ainda.

XXII – Dizei-me se o homem que odeia a si mesmo é capaz de amar o próximo, se o que luta contra si mesmo pode entender-se com alguém, se aquele que é um peso para si mesmo pode ser agradável a outro. Para pretendê-lo, seria preciso ser mais louco do que eu. Pois bem, se me expulsassem da sociedade, ninguém poderia suportar seus semelhantes um instante sequer; cada qual sentiria repugnância e raiva de si mesmo. A Natureza, muitas vezes mais madrasta do que mãe, semeou no espírito dos homens, contanto que sejam um pouco inteligentes, o descontentamento para consigo e a admiração pelos outros. Estas disposições entristecem a existência, fazendo-a perder todas as vantagens, as graças e os encantos da vida. Para que serve, de fato, a beleza, dom supremo dos Imortais, se ela perder o viço? De que serve a juventude, se a deixarmos corromper pelo tédio senil? Em todas as ações, o primeiro princípio que deveis observar é o decoro; só o aplicareis a vós mesmos, assim como aos outros, graças à feliz Philautía[164], que me serve de irmã, já que em toda parte colabora comigo. Mas também, como mostrar-se com graça, encanto e sucesso, quando a gente se sente descontente consigo mesma? Suprimi este sal da vida, imediatamente o orador arrefece em seu discurso, a melodia do músico entedia, a representação do ator é vaiada, o poeta e suas musas provocam o riso, o pintor se amofina com seu quadro e o médico morre de fome com suas drogas. O belo Nireu fica parecido com Tersites[165], o jovem Fáon com Nestor[166], Minerva com uma porca[167], o brilhante perorador exprime-se como uma criancinha, o citadino como um caipira. Pois é muito necessário que cada qual se sinta satisfeito consigo mesmo e seja o primeiro a aplaudir-se para se fazer aplaudir pelos outros!

Afinal de contas, se a felicidade consiste essencialmente em querer ser o que se é[168], minha boa Philautía facilita-o plenamente. Faz com que ninguém fique descontente com seu próprio rosto, nem com o espírito, o nascimento, a condição social, a educação e o país que tiverem. De sorte que o irlandês não gostaria de trocar com o italiano, o trácio com o ateniense, o cita com o insular das Afortunadas. E que clarividente solicitude da Natureza, que faz desaparecer maravilhosamente tantas desigualdades! Foi avara de seus dons com alguém? Fortalece-lhe no mesmo instante o amor-próprio, e acabo de me exprimir muito tolamente, já que este dom vale todos os outros.

Direi agora que não há façanha que eu não inspire, obra de arte de que não seja a inspiradora.

XXIII – Não é no campo de batalha que se colhem as proezas? Ora, que haverá de mais louco que iniciar, por sabe-se lá que motivo, esse tipo de luta, de que ambos os contendores tiram mais prejuízos do que benefícios? Os homens que sucumbem, como a gente de Megara, não são levados em conta[169]. Mas quando se encontram os exércitos couraçados de ferro, quando irrompe o canto rouco das trombetas[170], para que serviriam, ora essa, esses sábios esgotados pelo estudo, de sangue fraco e frio, que só têm a respiração? Precisa-se, então, de homens grandes e troncudos, que reflitam pouco e vão em frente. Seria preferível aquele Demóstenes soldado que, dócil aos conselhos de Arquíloco, jogou o escudo para fugir[171], assim que avistou o inimigo? Era tão covarde no combate quanto sábio na tribuna. Poderão dizer que na guerra a inteligência é de muitíssima valia. Para o chefe, concordo; ainda assim, é a inteligência de um soldado, não a de um filósofo. A nobre guerra é feita por parasitas, alcoviteiros, ladrões, bandidos, brutos, imbecis, devedores insolventes, em suma, pela escória da sociedade, e de modo algum pelos filósofos que velam sob sua lâmpada.

XXIV – Estes nunca souberam fazer nada na vida, como o prova o próprio Sócrates, o sábio por excelência, proclamado tal pelo oráculo de Apolo[172], a quem, naquele dia, faltou sabedoria. Querendo falar ao público sobre sei lá qual assunto, teve de se calar diante do escárnio geral. Só mostrou bom senso quando se recusou a aceitar o título de sábio, por ele reservado apenas a Deus, e quando aconselhou seus pares a não se imiscuírem nos negócios públicos[173]. Melhor teria feito ensinando que, para se viver como homem, há que se abster da sabedoria. O que lhe valeu beber a cicuta não foi precisamente a incriminação de sabedoria? Enquanto filosofava sobre idéias e nuvens, media matematicamente as patas da pulga e observava o zumbido do mosquito[174], nada compreendeu do ramerrão da existência.

E aí está Platão, seu discípulo, pronto para fazer sua defesa e salvá-lo da morte! Na verdade, que excelente advogado, que, aturdido pelo barulho da multidão, mal consegue falar em público a metade de um período[175]! Que dizer também de Teofrasto, que sobe à tribuna e, de repente, fica mudo[176], como se avistasse o lobo[177]? Teria ele, na guerra, empolgado os soldados? Isócrates era tão tímido que jamais ousou nem abrir a boca[178]. Marco Túlio[179], pai da eloqüência romana, pronunciava seu exórdio com penoso tremor[180], igual a um soluço de criança. Quintiliano[181] vê nisso a marca do orador sensato, que se dá conta do perigo; seria melhor declarar francamente que a sabedoria prejudica o sucesso. Que farão, de espada na mão, esses homens que o medo já gela, mesmo quando o combate se dá apenas com palavras?

Exaltaremos depois disso, se aprouver aos Deuses, a famosa máxima de Platão[182]: "Felizes as repúblicas cujos filósofos fossem chefes, ou cujos chefes fossem filósofos!" Se consultardes a História, vereis, ao contrário, que o pior governo sempre foi o de um homem com laivos de filosofia[183] ou de literatura. O exemplo dos dois Catões é, em minha opinião, concludente: um, por suas denúncias extravagantes, deixou a República de pernas para o ar[184]; o outro, defendendo com demasiada sabedoria a liberdade do povo romano[185], comprometeu-a irremediavelmente. Associai-lhes os Brutus, os Cássios, os Gracos, e o próprio Cícero, que se tornou a peste da República Romana, como Demóstenes a de Atenas. Admitamos que Antonino[186] tenha sido um bom imperador, conquanto eu possa negá-lo, dada a impopularidade que a sua filosofia lhe trouxe; mas, se foi bom, mais mal causou à coisa pública pelo filho que deixou[187], do que bem pôde proporcionar-lhe por suas qualidades de administrador. Como esse tipo de homens que se dedica a estudar a sabedoria tem muito azar em tudo, e, em particular, na progenitura, acho que a previdência da Natureza impede a desmesurada propagação dessa praga da sabedoria. Assim, o filho de Cícero foi um degenerado[188], e o sábio Sócrates teve filhos que, como garante um bom autor, puxaram mais a mãe que ele, ou seja, foram uns loucos.

XXV – Seria tolerável que essa gente se exibisse nos cargos públicos como asnos com uma lira[189], se não se mostrasse desastrada em todos os atos da vida. Convidai um sábio para jantar, ele será vosso estraga-prazeres por seu sombrio silêncio ou dissertações maçantes. Convidai-o para dançar, diríeis que é um camelo reboleando-se[190]. Arrastai-o ao espetáculo, seu rosto bastará para gelar o público que se diverte, e o obrigarão a sair da sala, como fizeram com o sábio Catão por não conseguir renunciar a seu ar carrancudo[191].

Se surge numa conversa, é a chegada do lobo da fábula[192]. Se lhe compete concluir uma compra ou qualquer um desses atos exigidos pela vida cotidiana, não é um homem, mas uma pedra. Não prestará serviços nem a ele mesmo, nem à sua pátria, nem a seus amigos, porque ignora todas essas coisas comuns, e a opinião e os costumes correntes lhe são absolutamente estranhos. Esta separação total dos outros espíritos gera o ódio contra ele. Não é verdade que, entre os homens, tudo é feito de acordo com a Loucura, por loucos, entre loucos? Para quem vai de encontro ao sentimento geral, só resta imitar Tímon[193], e retirar-se no deserto, para ali usufruir solitariamente a sabedoria.

XXVI – Volto a meu assunto. Só mediante lisonjas foi possível reunir nas cidades esses seres selvagens, que parecem nascidos das rochas ou dos carvalhos[194]. Tal é o significado da lira de Anfião e de Orfeu[195]. Quem levou à concórdia a plebe romana sublevada, prestes a violências extremadas? Foi o discurso de um filósofo? De modo algum; foi o apólogo ridículo e pueril dos membros e do estômago[196]. Temístocles obteve o mesmo sucesso com um apólogo parecido, o da raposa e do ouriço[197]. Que alocução de sábio teria produzido o efeito da corça imaginada por Sertório[198], dos cães de Licurgo[199] e do divertido discurso sobre a maneira de depilar a cauda de um cavalo[200]? Não vou falar de Minos[201], nem de Numa[202], que, ambos, governaram a louca multidão com ficções fabulosas. É mediante esse tipo de tolice que se conduz esse enorme e poderoso animal[203] chamado povo.

XXVII – Conhece-se uma única república que seja governada pelas leis de Platão ou de Aristóteles, ou pelos ensinamentos de Sócrates? O que induziu Décio[204] a se devotar livremente aos deuses Manes? O que arrastou Cúrcio[205] para o abismo? Nada mais que a vã glória, uma sereia muito persuasiva que os sábios condenam com seu anátema: "Que há de mais insensato, dizem eles, do que adular o povo por uma candidatura, comprar seus sufrágios, perseguir os aplausos de tantos loucos, comprazer-se em ser aclamado, fazer-se carregar em triunfo como um ídolo ou ver-se como estátua de bronze no Fórum[206]? A isso acrescentai a ostentação dos nomes e prenomes, as honras divinas prestadas a um pobre ser humano, as cerimônias públicas em que são postos à altura dos Deuses os mais execráveis tiranos[207]. Estas são tamanhas loucuras que um Demócrito só não bastaria para delas zombar." Está certo; mas dessas loucuras nasceram os grandes feitos dos heróis que tantas páginas brilhantes elevam às nuvens; elas geram as cidades, conservam os impérios, as magistraturas, a religião, os desígnios e os juízos dos homens. A vida inteira do herói não passa de um jogo da Loucura.

XXVIII – Falemos agora das artes. Por que os espíritos conceberam e transmitiram tantos conhecimentos que passam por excelentes, a não ser por sede da glória? Foi à custa de vigílias e de suores que uns homens, na verdade extremamente loucos, acreditaram comprar essa fama, que, na verdade, é a mais vã de todas as coisas. Assim é que deveis à Loucura todas as preciosas comodidades da existência, pelas quais, o que é infinitamente agradável, tirais partido da loucura alheia.

XXIX – Agora que já consegui atribuir-me os efeitos da coragem e do lavor da humanidade, por que não reivindicar os méritos do bom senso? Como!, dirá alguém, é o mesmo que casar a água com o fogo[208]. Conto, porém, convencer-nos, desde que continueis a me dar a mesma atenção e a me dedicar o espírito e o ouvido.

Uma vez que o bom senso resulta da experiência, quem deve receber as honras, o sábio que nada empreende, tanto por modéstia quanto por timidez de caráter, ou o louco que não tem modéstia e não poderia ser tímido, já que o perigo lhe é desconhecido? O sábio refugia-se nos livros dos autores antigos e neles aprende apenas frias abstrações; o louco, acercando-se das realidades e dos perigos, adquire, em minha opinião, o verdadeiro bom senso. Homero viu bem isso, apesar de sua cegueira, quando disse: "O louco aprende às minhas custas."[209] Dois obstáculos principais impedem o êxito nos negócios: a hesitação, que turva a clareza do espírito, e o medo, que mostra o perigo e dissuade de agir. A Loucura extingue-os às maravilhas; mas poucos compreendem a imensa vantagem que há em nunca hesitar e em tudo ousar.

Se a experiência equivale à exata apreciação das realidades, escutai-me o quanto disso se afastam justamente aqueles que a ela recorrem. Em primeiro lugar, todas as coisas humanas sempre têm, como os Silenos de Alcebíades[210], duas faces muito dessemelhantes. A face externa mostra a morte; olhai o interior, lá há vida, ou inversamente. A beleza encobre a feiúra; a riqueza, a indigência; a infâmia, a glória; o saber, a ignorância. O que parece robustez é debilidade; o que parece de boa raça é vil. A alegria dissimula a mágoa; a prosperidade, a infelicidade; a amizade, o ódio; o remédio, o veneno. Em suma, abri o Sileno, e encontrareis o contrário do que ele mostra.

Achais isto muito filosófico? Vou falar mais terra a terra. Todos vêem num rei um ser rico e poderoso. No entanto, se ele não possuir nenhuma qualidade espiritual, nada lhe pertencerá; será até infinitamente pobre e, se seus vícios forem muitos, não passará de um vil escravo. Poder-se-ia estender o raciocínio, mas basta ter tomado este exemplo. Que quereis provar? dir-me-eis. Eis onde quero chegar. Alguns atores estão no palco representando seus papéis; alguém tenta tirar-lhes a máscara para mostrar aos espectadores seus rostos ao natural; não vai esse furioso atrapalhar toda a peça e não merece ser expulso do teatro? Seu ato mudou todas as aparências: a mulher do palco torna-se, de repente, um homem; o jovenzinho, um velho; o rei se transforma num Dama[211], e o deus, num joão-ninguém. Destruída a ilusão, toda a obra se estraga; a fantasia, a pintura no rosto, era isso mesmo que encantava os olhos. Dá-se o mesmo com a vida. Que mais é ela, senão uma peça de teatro, em que cada qual, sob a máscara, representa sua personagem até que o corego o faça sair do palco? Este, aliás, confia ao mesmo ator papéis bem diferentes, e aquele que vestia a púrpura do rei reaparece sob os andrajos do escravo. Em toda parte só há fantasias, e a comédia da vida não é representada de outra maneira.

Imaginemos que um sábio nos caia do céu e nos fale assim: "Este indivíduo que todos reverenciam como um soberano e como um deus, nem sequer é um homem, pois é, como o animal, governado pelas sensações; é o mais vil dos escravos, já que obedece espontaneamente a tantos senhores vergonhosos. Este filho de luto, que chora o pai, deveria alegrar-se, já que o defunto começou a viver verdadeiramente, pois a vida terrestre não passa de uma espécie de morte. Este outro, que se orgulha de seus brasões, na verdade é apenas um vilão e um bastardo, porque é alheio à virtude, de onde sai toda verdadeira nobreza." Se este sábio falasse assim de cada um, que lhe aconteceria? Todos o tomariam por um louco furioso. Assim como é uma suprema tolice exprimir uma verdade intempestiva, a pior das faltas de habilidade é ser sábio fora de hora. Age fora de hora quem não sabe acomodar-se às coisas tais como são, quem não obedece aos costumes, quem esquece esta lei dos banquetes: "Bebe ou vai-te embora!"[212] e quem pede que a comédia não seja uma comédia. Mostrareis o verdadeiro bom senso, vós que não passais de homens, não procurando saber mais do que os homens, inclinando-se de bom grado à opinião da multidão ou enganando-vos complacentemente com ela. "Mas, direis, isso é realmente uma loucura!" Não nego, contanto que em troca concordeis que é assim que se representa a comédia da vida.

XXX – Agora, Deuses imortais, devo continuar ou calar-me? Mas por que calar o que é mais verdadeiro que a verdade? Talvez fosse conveniente, em tão grave questão, chamar as Musas do Helicão[213], que são invocadas pelos poetas, no mais das vezes, por puras bobagens. Aproximai-vos, pois, um pouco, filhas de Júpiter! Vou demonstrar que a essa Sabedoria perfeita, que dizem ser a cidadela da felicidade, não há acesso senão pela Loucura.

É notório, não é?, que todas as paixões dela dependem. O que distingue o louco do sábio é que o primeiro é guiado pelas paixões, o segundo, pela razão; por isso, os estóicos[214] afastam do sábio todas as paixões, consideradas como doenças. Existem algumas, entretanto, que ajudam os pilotos experientes a ganharem os portos; mais ainda, nos atalhos da virtude, elas esporeiam, aguilhoam para o bem. Sêneca iria protestar, duplamente estóico, proibindo ao sábio qualquer espécie de paixão. Mas, fazendo isso, suprime o próprio homem; fabrica um demiurgo[215], um novo deus, que não existe em lugar algum nem jamais existirá; melhor dizendo, modela uma estátua de mármore, carente de inteligência e de todo sentimento humano.

Deixemo-los, pois, usufruírem seu sábio à vontade, amarem-no, sem que lhos disputemos, e escolherem, para com ele morar, a República de Platão[216], a região das Idéias ou os jardins de Tântalo[217]. Quem não fugiria com horror, como de um monstro, como de um espectro, de um homem desses, fechado a todos os sentimentos naturais, incapaz de uma emoção, alheio ao amor e até à piedade, "como a pedra dura ou o rochedo Marpesiano"[218], ser a quem nada escapa e que jamais se engana, vê tudo como um Linceu[219] e mede tudo com cordel, não perdoa uma falta, só está contente consigo mesmo, só ele possui riqueza e saúde, só ele é rei, o único livre, declara-se único em tudo[220], não precisando de amigo e não sendo amigo de ninguém, desprezando até os Deuses, não imaginando para os atos humanos, que julga todos insensatos, senão censuras e zombarias! Aí está o animal que corresponde à perfeição do sábio.

Vejamos, se houvesse eleições, que cidade elegeria um magistrado desse feitio, que exército desejaria um chefe assim? Mais ainda, que mulher desejaria um tal marido, que anfitrião aceitaria um tal conviva e que criado agüentaria um senhor dessa laia? Quem não preferiria pegar ao acaso, na massa dos mais rematados loucos, um que fosse capaz de lhe comandar ou de lhe obedecer, que soubesse agradar a seus semelhantes, isto é, ao maior número, que fosse amável com sua mulher, benevolente com seus amigos, bom garfo à mesa, companheiro de fácil convívio, um homem, enfim, a quem nada de humano fosse alheio?

Mas não agüento mais, há muito tempo, esse sábio em questão. Passemos a assuntos menos aborrecidos.

XXXI – Imagino alguém que fique olhando do alto a vida do homem, como o Júpiter dos poetas[221] às vezes o faz, e observando a quantidade de males que desabam sobre ele, o nascimento humilhante, a educação difícil, os perigos que circundam a infância, as duras labutas impostas à juventude, a velhice penosa, e a dura necessidade da morte, após tantas doenças, incômodos que o assaltam de todos os cantos, que envenenam toda a sua existência. Não falemos do mal que o homem faz ao homem: arruína-o, aprisiona-o, desonra-o, tortura-o, arma-lhe ciladas, trai-o; enumerar tudo, com os ultrajes, os processos, as vigarices, seria contar grãos de areia.

Não cabe a mim dizer-vos que delitos acarretaram aos homens tal destino, nem que Deus irritado os condenou a nascer para essas misérias. Quem quiser refletir bem sobre isso aprovará o exemplo das jovens de Mileto[222] e seu suicídio, bem doloroso entretanto. Mas quais são, pois, os que se mataram por desgosto da vida? Alguns familiares da Sabedoria. Deixemos de lado os Diógenes[223], os Xenócrates[224], os Catões[225], os Cássios[226], e os Brutus[227]; mas vede Quirão[228], que escolheu a morte quando podia obter a imortalidade. Percebeis, penso, o que sucederia se em todos os lugares os homens fossem sábios; seria preciso que um outro Prometeu os modelasse com nova argila. Eu, justo o contrário, ajudada pela Ignorância, bem como pela Irreflexão, fazendo-os esquecer sua miséria, esperar a felicidade, provar algumas vezes o mel do prazer, consolo-os tão bem de seus males que deixam a vida com saudades, mesmo quando a Parca teceu toda sua trama e a própria vida os abandona.

A vida não os entedia nem um pouco. Quanto menos motivos têm de prender-se a ela, mais a ela se agarram. São meus clientes, estes velhos que atingiram a idade de Nestor[229] e perderam toda forma humana, e que vemos, balbuciando, disparatando, com dentes quebrados, cabelo branco ou ausente, ou, para pintá-los melhor, com as palavras de Aristófanes[230], sujos, curvados, enrugados, carecas, desdentados e sem queixo, teimarem em apreciar a vida. Por isso se rejuvenescem[231], um tingindo os cabelos, outro usando peruca, este com dentes postiços, talvez tirados de um porco, aquele se enrabichando por uma donzela e por ela fazendo mais loucuras do que um homem bem jovem. Este moribundo, prestes a ir ter com as sombras, desposa uma jovem moçoila sem dote, que fará a alegria dos vizinhos; o caso é freqüente e, palavra de honra, disso se vangloriam. Mas o mais fascinante é ver umas velhas, tão velhas, tão cadavéricas que parecem de volta dos Infernos, repetirem constantemente: "A vida é bela!" São quentes como cadelas ou, como dizem habitualmente os gregos, cheiram a bode[232]. Seduzem a peso de ouro algum jovem Fáon, pintam o rosto sem descanso, têm sempre o espelho à mão, depilam-se no lugar secreto[233], a todos expõem os seios flácidos e murchos[234], solicitam, com um queixume tremulante, um desejo que enlanguesce[235], querem beber e dançar entre as jovens, escrever bilhetes amorosos. Todos caçoam e lhes dizem o que são: arquiloucas. Entretanto, estão contentes consigo mesmas, entretêm-se com mil delícias, experimentam todas as doçuras e, por mim, são felizes.

Peço àqueles que as acham ridículas, que examinem se não é melhor viver docemente nessa loucura do que procurar, como se diz, o poste para se enforcar[236]. Claro, a desonra que é atribuída à conduta de meus loucos não conta para eles; nem sequer a sentem, ou não lhe dão muita atenção. Levar uma pedrada na cabeça é um mal que existe; a vergonha, a infâmia, o opróbrio, o insulto só são males na medida em que são sentidos. Não há mal algum quando nada se sente. O povo inteiro vos vaia; não tem importância, se vós vos aplaudis[237], e apenas a Loucura vos permite isso.

XXXII – Creio ouvir aqui os filósofos reclamarem: "Precisamente, é muita infelicidade ser mantido assim pela Loucura na ilusão, no erro e na ignorância." Mas não, é ser homem, nada mais! Não vejo por que chamam infelicidade ter nascido assim, ser criado e formado de acordo com a condição comum. Não há infelicidade alguma em ser o que se é, a menos que um homem se julgue digno de pena por não poder voar como os pássaros, andar de quatro patas como o resto dos animais, ou não ser dotado de chifres como o touro. Achar-se-ia infeliz um belíssimo cavalo, por não saber gramática, ou um touro, por não poder fazer ginástica? Da mesma forma que a ignorância gramatical não poderia tornar o cavalo infeliz, a Loucura não faz a infelicidade do homem, já que é conforme à sua natureza.

Nossos engenhosos contestadores vêm nos dizer que o conhecimento das Ciências é concedido ao homem para que sua inteligência compense o que lhe é recusado pela Natureza. Como se fosse verossímil que a Natureza, tão cuidadosa com os mosquitos e mesmo com as plantas e as flores, descuidasse apenas do homem, obrigando-o a recorrer às Ciências inventadas em seu prejuízo por Tot[238], o inimigo do gênero humano! Elas são, de fato, tão pouco úteis à felicidade que nem sequer servem para realizar o bem que se espera de cada uma delas, como prova com elegância, em Platão, um rei muito sensato[239], a propósito da invenção da escrita. As Ciências irromperam na humanidade com o resto de seus flagelos; provêm dos autores de todas as más ações, ou seja, dos demônios, cujo próprio nome, em grego, significa que são sábios[240].

De nenhuma ciência era aquinhoada a raça simples da idade de ouro; era guiada apenas pelo instinto da Natureza. Qual a necessidade da gramática, já que então a língua era a mesma para todos e a única utilidade da palavra era fazer-se entender? Qual a necessidade da dialética, já que não se travava nenhum combate entre opiniões rivais? Que fazer com a retórica, já que não havia processos? Qual o uso da jurisprudência, se ainda não haviam começado os maus costumes, dos quais nasceram, sem dúvida, as boas leis[241]? Os homens eram religiosos demais para terem uma curiosidade ímpia pelos mistérios da Natureza, para medirem os astros, seus movimentos, suas influências, para esquadrinharem o mecanismo secreto do mundo. Julgavam um crime que se procurasse saber mais do que um simples mortal. Era demência olhar para além do céu e ninguém pensava nisso. Mas, à medida que diminuiu essa pureza da idade do ouro, os gênios maus de que falei inventaram as Ciências. Foram de início pouco numerosas e poucos eram os iniciados. Mais tarde, a superstição dos caldeus e a vã frivolidade dos gregos as sobrecarregaram com incontáveis torturas para a inteligência, a ponto de a gramática sozinha bastar para torturar toda uma vida.

XXXIII – Dentre as Ciências, aliás, as que gozam de mais prestígio são as mais próximas do senso comum, isto é, da Loucura. Os teólogos sentem fome, os físicos sentem frio, ridicularizam-se os astrólogos, desprezam-se os dialéticos. "Mas o médico, por si só, vale muitos homens"[242]; e, nessa profissão, o mais ignorante, o mais temerário, o mais estouvado é também o mais procurado, mesmo pelos poderosos. É que a medicina comum de hoje não passa de uma forma de lisonja[243] comparável à retórica. Depois dos médicos, a melhor posição é a dos homens da lei, e talvez eles até sejam os primeiros. A se acreditar na unanimidade dos filósofos, sua profissão não passa de uma asneira; entretanto, esses asnos têm em mãos tanto as maiores quanto as menores causas. Seus vastos domínios aumentam, enquanto o teólogo, que examinou minuciosamente todas as papeladas divinas, lambisca tremoço e persegue sem tréguas os percevejos e os piolhos. Portanto, o prestígio vai para as Ciências que mais se aproximam da Loucura; do mesmo modo, os homens mais felizes são os que conseguiram fugir para mais longe das Ciências e tomar por mestre apenas a Natureza. Ela é perfeita em toda parte, a menos que se queira sair dos limites da condição mortal.

A Natureza odeia o artifício e nada se compara com o que ele não profanou.

XXXIV – Não credes que, em todas as outras espécies animais, as que vivem melhor são as menos educadas, as que têm apenas a Natureza para instruí-las? Que há de mais feliz e mais admirável do que as abelhas[244]? No entanto, elas não possuem todos os sentidos. Descobrirá a arquitetura meios de construção iguais aos delas? Um dia algum filósofo já instituiu uma república semelhante? O cavalo, ao contrário, que tem os mesmos sentidos que o homem e vive em sua companhia, participa de suas misérias. Não suportando ser ultrapassado na corrida, extenua-se e, obstinando-se a vencer na batalha, é escalavrado e come a poeira com seu cavaleiro[245]. Calo-me sobre o freio muito rude, as esporas agudas, o cativeiro na estrebaria, o chicote, o bastão, as rédeas, o cavaleiro, enfim, sobre todo o drama de uma servidão que ele aceita voluntariamente, quando, com coragem bem humana, se dedica inteiramente à sua vingança.

Quão preferível é a existência das moscas e dos pássaros, entregues ao acaso e ao instinto natural, tanto quanto lhes permite a perfídia dos homens! Engaiolados por eles e ensinados a imitarem a voz humana, os pássaros perdem muito de sua beleza nativa. Como triunfam sobre as desfigurações da Arte as obras da Natureza! Por isso, nunca louvarei o bastante aquele galo que se fazia de Pitágoras em suas metamorfoses[246]. Tendo sido tudo: filósofo, homem, mulher, rei, particular, peixe, cavalo, rã, e acho que até esponja, pensava que o homem era o mais calamitoso dos animais, porque todos aceitam viver nos limites de sua natureza, ao passo que ele é o único que se esforça por superá-la.

XXXV – Ademais, entre os homens, ele preferia, sob muitos aspectos, os ignorantes aos sábios e aos poderosos. O próprio Grilo[247] foi bem mais sensato do que Ulisses, fecundo em conselhos[248], quando achou melhor grunhir num chiqueiro do que enfrentar com ele tamanhos perigos. Parece-me ser esta a opinião de Homero, o pai das fábulas, que chama todos os mortais de desafortunados e calamitosos[249], e dá freqüentemente a Ulisses, seu modelo de sabedoria, o epíteto de gemente[250], que nunca emprega para Páris, Ajax ou Aquiles. Por que razão? É que o herói astuto e engenhoso nada fazia sem o conselho de Palas, e sua sabedoria excessiva o afastava totalmente dos conselhos da Natureza.

Os seres vivos que obedecem à Sabedoria são de longe os mais infelizes. Por uma dupla demência, esquecendo que nasceram homens, querem elevar-se ao estado de Deuses soberanos e, a exemplo dos Gigantes, munidos das armas da ciência, declaram guerra à Natureza[251]. Ao contrário, os menos infelizes são os que mais se aproximam da animalidade e da estupidez.

Tentemos deixá-lo claro, não através de entimemas[252] estóicos, mas através de um exemplo grosseiro. Existirá, pelos imortais Deuses!, espécie mais feliz do que os homens que são chamados de malucos, doidos ou parvos, belas alcunhas na minha opinião? Inicialmente a asserção parece insensata, absurda; porém, é das mais verdadeiras. Eles não têm medo algum da morte, e, por Júpiter!, isto não é pouco! Sua consciência não é atormentada. As histórias de almas do outro mundo não lhes causam nenhum assombro. Não sentem nem sombra de medo de aparições e de fantasmas, nenhuma inquietação pelos males que os ameaçam, nenhuma esperança exagerada pelos bens futuros. Em suma, nenhuma dessas preocupações de que é feita a vida os atormenta. Ignoram a vergonha, o temor, a ambição, a inveja, o amor, e até, se atingirem a inconsciência das bestas, os teólogos garantem que não têm pecado.

Relembra agora comigo, sábio pleno de insanidade, tantas noites e dias em que a inquietude crucifica tua alma; empilha em tua frente todas as contrariedades de tua vida, e procura compreender, afinal, de quantos males isento meus loucos. Acrescenta que, não somente passam o tempo a se distrair, a se divertir, a rir e a cantar, mas também levam aonde vão o prazer, o entretenimento, o divertimento e a alegria, como se a indulgência dos Deuses os houvesse destinado a alegrar a tristeza da vida humana. Desta forma, sejam quais forem as disposições das pessoas para com seus semelhantes, eles são sempre reconhecidos como amigos; procuram-nos, regalam-nos, acarinham-nos, mimam-nos, socorrem-nos quando necessário, permitem-lhes tudo dizer e tudo fazer. Ninguém quereria prejudicá-los, e até os animais selvagens evitam fazer-lhes mal, sentindo-os por instinto inofensivos. Estão, realmente, sob a proteção dos Deuses, especialmente sob a minha, e rodeados, merecidamente, pelo respeito universal.

XXXVI – Os maiores reis apreciam-nos tanto[253], que mais de um, sem eles, não saberia sentar-se à mesa ou dar um passo, nem separar-se deles por uma hora. Dão muito mais valor a seus loucos do que aos sábios austeros que costumam manter por ostentação. Esta preferência explica-se facilmente e não surpreende, quando se vê que esses sábios não proporcionam senão tristezas aos príncipes. Imbuídos de seu saber, não temem ferir com verdades aqueles ouvidos delicados[254]. Quanto aos bufões, eles propiciam o que os príncipes buscam em toda parte e a qualquer preço: o divertimento, o sorriso, a gargalhada, o prazer. Concedei também aos loucos uma qualidade que não é de se desprezar: são os únicos que são francos e verazes. E o que haverá de mais louvável que a verdade? Embora um provérbio de Alcibíades, em Platão[255], coloque-a no vinho e na boca da infância, é a mim que deve caber todo o mérito. Eurípedes reconhece-o nesta frase famosa: "O louco fala loucuras."[256] Tudo o que o louco tem no coração, mostra-o no rosto, exprime-o no que diz; os sábios, pelo contrário, têm duas línguas, mencionadas pelo mesmo Eurípedes[257]: uma para dizer a verdade, outra para dizer o que é oportuno. Sabem "transformar o preto em branco"[258], soprar com a mesma boca o frio e o quente[259], evitar a conciliação de seus sentimentos com suas palavras.

Os príncipes, em sua felicidade, parecem-me muito dignos de pena por estarem privados de ouvir a verdade, e forçados a escutar aduladores e não amigos. Dir-me-ão que os ouvidos principescos têm precisamente horror da verdade e que, se evitam os sábios, é por receio de ouvir entre eles uma voz mais sincera que condescendente. Reconheço que a verdade não é amada pelos reis. E, no entanto, meus loucos conseguem o fato surpreendente de fazer-lhes aceitar, e até mesmo causar-lhes prazer, injuriando-os abertamente. A mesma palavra, que, na boca de um sábio, lhe causaria a morte, pronunciada por um louco alegrará prodigiosamente o senhor. É que a verdade, se não for nada ofensiva, tem mesmo um certo poder de agradar, mas os Deuses reservaram-no aos loucos. É por isso que essa espécie de homens agrada tanto às mulheres, que são por natureza voluptuosas e frívolas. O que quer que tentem com elas, mesmo que seja absolutamente sério, elas o tomam por brincadeira e gracejo, tão engenhoso é esse sexo, sobretudo em encobrir seus pecadilhos.

XXXVII – Voltemos ao feliz destino dos loucos. Tendo passado alegremente a vida, sem medo nem pressentimento da morte, emigram diretamente para os Campos Elíseos, e lá vão divertir com suas facécias as almas piedosas e ociosas. Comparai agora com este destino do louco o de qualquer homem sábio, a vossa escolha. Tomai um paradigma de sabedoria, aquele que consumiu no estudo das ciências a infância e a juventude, e perdeu sua mais bela idade em vigílias, preocupações, labutas sem fim, e que, pelo resto da vida, se privou do menor prazer; foi sempre parcimonioso, acanhado, abatido, sombrio, severo e duro consigo mesmo, maçante e insuportável para os outros, pálido, magro, valetudinário, remelento, envelhecido antes do tempo, careca antes da idade, votado a uma morte prematura. Que importa, aliás, que morra, já que jamais viveu! Tendes aí o bonito retrato do sábio.

XXXVIII – Mas escuto de novo o coaxar das estóicas rãs: "A demência, dizem, é o pior dos males; ora, a insigne loucura confina com a demência, ou melhor, confunde-se com ela, uma vez que um demente é um espírito que não raciocina." Mas as rãs enganam-se redondamente. As Musas vão ajudar-me a aniquilar seu silogismo, por mais enganoso que seja. Sócrates ensina, segundo Platão[260], a fazer, mediante divisão, duas Vênus de uma só, e do mesmo modo, dois Cupidos de um só; nossos dialéticos deviam fazer o mesmo e distinguir dois tipos de demência, para mostrarem-se, por sua vez, sensatos. De fato, nem toda demência é nociva por definição. De outro modo, Horácio não teria dito: "Serei o joguete de um amável delírio?"[261] Platão[262] não teria incluído o furor poético, o dos adivinhos e também a exaltação dos amorosos entre os grandes benefícios deste mundo; a Sibila não teria qualificado de insano o empreendimento de Enéias[263]. É verdade, portanto, que existem dois tipos de demência.

Existe uma que as Fúrias desencadeiam dos Infernos, todas as vezes que arremessam suas serpentes e lançam nos corações dos mortais o ardor da guerra, a sede inexaurível do ouro, o amor desonroso e culpável, o parricídio, o incesto, o sacrilégio, e todo o resto, ou quando perseguem com suas terríveis tochas as consciências criminosas. A outra demência nada tem de semelhante; emana de mim e é o mais desejável dos bens. Nasce toda vez que uma doce ilusão liberta a alma de seus penosos cuidados, e lhe restitui as várias formas de volúpia. Esta ilusão, Cícero, como escreve a Ático[264], deseja-a como um dom supremo dos Deuses, a fim de nela encontrar o esquecimento de todas as suas infelicidades. Louvemos aquele homem de Argos que foi bastante louco para passar dias inteiros sozinho no teatro, a rir, a aplaudir e a se divertir, acreditando assistir à representação das mais belas peças, quando não se representava absolutamente nada. No resto da vida, conduzia-se às mil maravilhas: "*Seus amigos, diz Horácio*[265], *achavam-no prestativo, sua mulher, delicioso, seus serviçais, indulgente, e ele não se enfurecia por uma garrafa aberta.*" Os cuidados da família e os remédios o curaram; recobrou o juízo e disso lamentou-se nestes termos: "*Por Pólux! Matastes-me, ó meus amigos! De modo algum me salvastes, arrancando-me a alegria, forçando-me a renunciar à encantadora ilusão de meu espírito.*"[266] Estava certo, e, mais do que ele, necessitavam de heléboro as pessoas que haviam conseguido intoxicar, como uma doença, esta loucura tão feliz e tão benfazeja.

Não chamo demência, notai-o bem, toda aberração dos sentidos ou do espírito. Alguém que tem a vista curta toma um burro por um mulo[267], como um outro que se extasia perante um mau poema; não se é louco por isso. Mas se, além dos sentidos, o juízo se engana, e mormente com excesso e continuidade, pode-se reconhecer a demência; é o caso do homem que, cada vez que o burro zurra, se deleita com uma sinfonia, ou do pobre-diabo, de ínfima condição, que se imagina Creso, rei da Lídia[268]. Com bastante freqüência, esta espécie de loucura é agradável, tanto aos que a experimentam quanto aos que a testemunham, e são loucos de uma outra maneira. É muito mais freqüente do que pensa o vulgo. Um louco zomba de outro louco, e divertem-se um com o outro. Vê-se, até bem amiúde, que é o mais louco dos dois quem ri melhor.

XXXIX – Eu, a Loucura, acho que quanto mais se é louco, mais se é feliz, contanto que nos limitemos ao gênero de loucura que é de meu domínio, domínio bem vasto na verdade, já que não há, por certo, na espécie humana, um só indivíduo que seja sábio em todas as horas[269] e isento de qualquer tipo de loucura. Existe aqui uma única diferença: o homem que toma uma abóbora por uma mulher é considerado louco, porque tamanho erro é cometido por pouca gente; mas aquele cuja mulher tem inúmeros amantes e que, cheio de orgulho, acredita e declara que ela supera a fidelidade de Penélope, a este ninguém chamará de louco, porque este estado de espírito é comum a muitos maridos.

Classifiquemos entre estes iludidos os caçadores fanáticos, cuja alma não fica verdadeiramente feliz senão com os sons horríveis da trompa de caça e os latidos dos cães. Aposto que para eles o excremento dos cães tem cheiro de canela. E que embriaguez ao esquartejar o animal! Esquartejar touros e carneiros é trabalho para o camponês; cabe ao fidalgo retalhar os animais selvagens. Lá está ele, sem chapéu, de joelhos, com o facão especial que nenhum outro pode substituir; faz certos gestos, em certa ordem, para cortar certos membros segundo o ritual. Ao seu redor, a multidão, embasbacada, continua admirando como um espetáculo novo o que já viu mais de mil vezes, e o feliz mortal a quem se concedeu provar o animal se sente muito honrado com isso. De tanto perseguir animais selvagens e deles se alimentar, os caçadores acabam por se lhes assemelhar; mesmo assim julgam levar uma vida de reis.

Muito parecidas são as pessoas que têm a mania de construir; um dia transformam os edifícios redondos em edifícios quadrados, no outro, os quadrados em redondos[270]. Não há nenhum limite, nenhuma medida nesses trabalhos, que acabam por arruiná-los completamente, deixando-os sem casa e sem comida. Que importa, se passaram alguns anos perfeitamente felizes!

Vejo junto deles aqueles que, mediante novas e misteriosas práticas, vivem tentando transformar a natureza dos elementos, procurando, por terras e por mares, a tal da quinta essência. Nutrindo-se de uma doce esperança, jamais poupam esforços, nem gastos. Têm sempre em mente alguma imaginação maravilhosa que os alucina, e a ilusão lhes é tão preciosa que com ela perdem todos os bens, ficando sem um tostão para construir o menor dos fogões. Longe de abandonarem por isso seus sonhos encantados, impelem os outros a uma felicidade parecida. Quando, afinal, são abandonados pela derradeira esperança, basta-lhes, para serem consolados, esta bela frase: "Nos grandes empreendimentos, ter querido é o bastante."[271] Atribuem então a culpa à brevidade da vida, que não lhes permitiu executar seu vasto projeto.

Os jogadores devem ser admitidos em nosso colégio? Tenho minhas dúvidas. Não há, porém, espetáculo que se preste tanto ao riso como o dessa gente reunida, com o coração pulando e palpitando ao ruído dos dados que caem. A esperança de ganhar não os abandona jamais; mas, se a nau que carrega sua fortuna se quebra nos escolhos do jogo, muito mais temíveis que o cabo Maleu[272], quando os náufragos saem das vagas com grande dificuldade e completamente nus, preferem fraudar todo o mundo a fraudar seu ganhador, temendo mais do que tudo passar por indelicados. Não há velhos quase cegos que, para ainda jogarem, metem óculos no nariz? E, por fim, quando a justiceira gota lhes entorta as articulações, não pagam a substitutos para lançarem na mesa os seus dados[273]? Seria encantador se, no mais das vezes, o jogo não terminasse em furores, o que é da alçada das Fúrias, e não da minha.

XL – Reconheço como autenticamente de nossa farinha[274] os que se comprazem em escutar ou contar mentirosas e mirabolantes histórias de milagres. Não se cansam de ouvir essas fábulas extraordinárias sobre fantasmas, assombrações e almas de outro mundo, sobre os espíritos do Inferno e mil prodígios deste gênero. Quanto mais inverossímil é o fato, mais se empenham em acreditar nele e sentem cócegas agradáveis nas orelhas[275].

Estas narrativas, aliás, não servem somente para suavizar o tédio das horas; rendem algum proveito, e tudo em benefício dos padres e pregadores.

Bem vizinhos estão os que, por uma louca mas doce persuasão, acreditam que o encontro de uma estátua ou de uma pintura desse Polifemo que é São Cristóvão[276] é a garantia de não morrerem nesse dia; os que dirigem à estátua de Santa Bárbara[277] as palavras prescritas para voltarem sãos e salvos da batalha; os que se dirigem a Santo Erasmo[278] em certos dias, com algumas lamparinas e algumas pequenas preces, convencidos de que farão fortuna prontamente. Assim como para eles há um segundo Hipólito[279], encontraram em São Jorge um outro Hércules[280]. Chegam quase a adorar seu cavalo, mui devotamente coberto de bela armadura; pequenos presentes ganham seus favores e jurar por seu elmo de bronze é um verdadeiro juramento de rei.

Que dizer de quem se ilude deliciosamente, julgando obter para seus crimes perdões imaginários[281], e mede, como na clepsidra, a duração do Purgatório elaborando uma infalível tabela matemática de séculos, anos, meses, dias e horas? Ou de quem se alimenta de fórmulas mágicas e de orações inventadas por um piedoso impostor, vaidoso ou ávido, e com elas promete tudo a si mesmo, riquezas, honrarias, prazeres, fartura, saúde sempre sólida, vigorosa velhice e, para terminar, um assento no Paraíso, junto de Cristo! Porém, só desejando ali sentar-se o mais tarde possível, quando as volúpias desta vida, às quais se agarram, os abandonarem, muito contra suas vontades, e forem obrigados a se contentar com as do Céu. Vede então este mercador, este soldado, este juiz que, de tantas rapinas, retiram uns miúdos e supõem, ao oferecê-los, purificar de uma vez por todas o pântano de Lerna[282] que é a sua vida, remir por um mero pacto tantos perjúrios, orgias, bebedeiras, rixas, assassínios, imposturas, perfídias e traições, remissão tão perfeita, julgam, que poderão livremente recomeçar em seguida a série de crimes.

O que há de mais louco, que estou dizendo?, de mais feliz do que estes outros que recitam diariamente sete pequenos versículos do santo Saltério e através deles esperam a felicidade dos eleitos! Ora, esses pequenos versículos mágicos, um certo diabo, de resto mais estouvado que esperto, tê-los-ia indicado, por facécia, a São Bernardo, e foi pego em sua própria armadilha[283]. E semelhantes loucuras, das quais eu mesma chego a ter vergonha, não é somente o vulgo que as aprova, mas também os professores de religião!

Inspirado pelo mesmo espírito, cada país reclama para seu uso um santo particular. Confere-lhe atribuições próprias, estabelece ritos distintos. É preciso um para curar a dor de dente, outro para ajudar as mulheres no parto; há aquele que encontra os objetos roubados, o que aparece ao náufrago e o salva, o que protege os rebanhos, e outros do mesmo naipe, pois a enumeração não teria fim. Alguns acumulam poderes, em particular a Virgem Mãe de Deus, a quem o comum dos homens atribui quase mais poderes que ao Filho.

XLI – Mas, o que solicitam a esses santos, senão o que é ligado à Loucura? Lede todos os ex-votos que, em certos templos, cobrem as paredes até a abóboda; nunca ninguém pediu a cura da loucura ou a aquisição de um pingo de sabedoria. Este se salvou a nado, aquele sobreviveu aos ferimentos do combate; aquele que fugiu durante a batalha, deixando os outros acabá-la, conta sua sorte e sua coragem; o que relou na forca agradece sua soltura a algum santo propício aos ladrões, e poderá recomeçar a aliviar o próximo do estorvo da riqueza. Há o homem que rebentou as portas da prisão, o que se curou da febre, para grande irritação do médico, aquele que, tendo engolido veneno, o expeliu por baixo e o purgou sem morrer, resultando em perda de trabalho e dinheiro de sua mulher[284]. Há aquele cujo carro virou e que trouxe para casa seus cavalos sãos e salvos, o que foi retirado vivo dos escombros, o que, surpreendido pelo marido, escapuliu. Nenhum rende graças por se ter livrado de uma loucura. É, pois, muito gostosa a falta da razão, já que os mortais rezam para ser salvos de tudo, exceto de mim.

Mas por que navegar neste mar de superstições? "Tivesse eu cem línguas, cem bocas e uma voz de bronze, não poderia enumerar todas as espécies de loucos, nem todos os nomes da Loucura."[285] É que a vida normal dos cristãos regurgita dessas extravagâncias, que os padres de bom grado admitem e sustentam, sem ignorar o proveito que elas lhes trazem. Nesses meios, um sábio inoportuno poderia levantar-se e dizer as coisas tais como são: "Não terás um mau fim, se bem viveres. Para remir teus pecados, junta à tua moeda a repulsa de tuas faltas, com lágrimas, vigílias, preces e jejuns, e muda completamente tua conduta. O santo a quem tu rezas te protegerá, se tua vida parecer com a dele." Se o sábio repetisse estas verdades e outras semelhantes, veríeis como arrancaria a felicidade das almas e em que desordem ele as lançaria!

Incluamos na confraria os que, ainda vivos, prevêm com tanta minúcia seus funerais[286], que chegam a determinar a quantidade de círios, de mantos negros, de cantores e de carpideiras[287], como se fosse chegar até eles alguma coisa desse espetáculo, como se menos magnificência num enterro pudesse humilhar os mortos. Têm o estado de espírito dos edis que acabam de ser eleitos e se preocupam em dar jogos e festins.

XLII – Estou com pressa; porém, como silenciar-me sobre essa gente que nada distingue de um ínfimo operário[288] e cujo orgulho fica inchado com um vão título de nobreza! Um pretende descender de Enéias, outro de Bruto[289], um terceiro de Arcturo[290]. Em todos os cantos de suas casas, há retratos de ancestrais esculpidos e pintados. Enumeram bisavôs e trisavôs, lembram as antigas alcunhas, eles mesmos assemelhando-se bastante a uma estátua muda e não muito superiores às imagens que exibem. Não obstante, graças à nossa amável Philautía[291], vivem completamente felizes; e não faltam loucos iguais para considerar essas bestas como deuses.

Mas por que me restringir a este ou aquele exemplo, quando em todos os lugares a Philautía (o Amor-Próprio) distribui maravilhosamente a felicidade? Este, mais feio que um macaco, se considera belo como Nireu[292]; aquele se julga um Euclides[293] por três linhas que traçou com o compasso; aquele outro julga cantar como Hermógenes[294], quando é um asno diante da lira e sua voz soa tão falsa como a do galo bicando a galinha[295].

Mais um tipo muito agradável de loucura é o das pessoas que se vangloriam dos méritos de seus criados e os atribuem a si mesmas. Assim, foi arquifeliz um nababo de que fala Sêneca[296]. Se contava uma anedota, tinha perto de si servidores que lhe sopravam as palavras, e, por mais fraco que fosse, aceitava com prazer um desafio ao pugilato, seguro de ter em casa muitíssimos escravos robustos.

Quanto aos artistas profissionais, valerá a pena falar deles? Cada um tem sua Philautía particular, e antes cederia os campos paternos que o seu talento. É o que acontece, sobretudo, ao Comediante, ao Cantor, ao Orador e ao Poeta. Quanto menos tem valor, mais tem pretensão e impertinência, mais se emproa e se pavoneia. E todos acham quem compre sua mercadoria[297], pois sempre é o mais inepto que encontra mais admiradores. O pior agrada necessariamente ao maior número, pois a maioria dos homens é dominada pela Loucura. Assim, como o mais inábil é também o mais satisfeito consigo mesmo e o mais admirado, para que se dedicar ao verdadeiro saber, que é custoso de adquirir, deixa enfadonho e tímido e, em suma, é apreciado por tão poucas pessoas?

XLIII – Assim como concedeu a cada homem ao nascer a Philautía, o Amor de si mesmo, a Natureza também a distribuiu a cada nação e a cada cidade. Assim, os ingleses reivindicam, entre outros dons, a beleza física, o talento musical e a mesa farta[298]; os escoceses gabam-se de um título de nobreza, de um parentesco real, da habilidade nas discussões; os franceses pretendem para si a cortesia; os parisienses[299] arrogam-se o monopólio quase exclusivo da ciência teológica; os italianos, o da literatura e da eloqüência, e tiram disso, como povo, o orgulho de ser o único que não é bárbaro. Neste gênero de felicidade, os romanos são imbatíveis, e ainda se encantam com o sonho da antiga Roma. A felicidade dos venezianos reside na importância que dão à sua nobreza[300]. Os gregos, que se consideram os criadores das artes, atribuem-se os títulos de glória dos heróis da Antigüidade.

Os turcos, essa cambada de bárbaros, pretendem ter a melhor religião e caçoam dos cristãos, a quem chamam de supersticiosos. Mais divertidos ainda, os judeus esperam com constância seu Messias e até hoje se apegam com aferro a seu Moisés. Os espanhóis não cedem a ninguém a honra das armas. Os alemães são orgulhosos de sua altura e de seus conhecimentos de magia[301].

XLIV – Não precisamos ir mais longe; vedes bem, creio, como a Philautía proporciona satisfações a todos e a cada um.

Tem como irmã a Lisonja, muito parecida com ela, pois a Philautía incensa a si mesma e a Lisonja incensa os outros. Entretanto, esta é denegrida em nossos dias, ao menos pelas pessoas que se perturbam com as palavras e não com as realidades. Acham que a sinceridade é incompatível com a lisonja, ainda que tantos exemplos, entre os quais o dos animais, lhes demonstrariam o contrário. Haverá algo mais lisonjeador que o cão e também mais fiel? Mais carinhoso do que o esquilo e ao mesmo tempo mais amigo do homem? Porventura admitiríeis que os leões selvagens, os tigres ferozes ou os irritáveis leopardos sejam mais favoráveis à vida humana? Existe, claro, uma lisonja, seguramente perniciosa, por vezes utilizada pela maldade e pelo escárnio para pôr a perder os infelizes. Mas a que vem de mim nasce da bondade e da candura; acha-se muito mais próxima da virtude do que da rudeza, seu contrário, e do que daquele humor que Horácio diz ser soturno e selvagem[302]. Ela reanima as almas abatidas, ameniza as tristezas, estimula os indolentes, anima os entorpecidos, conforta os doentes, amolece os corações ferozes, reaproxima os amorosos e os mantém unidos. Encoraja a criança a amar o estudo, desenruga o velho, insinua aos príncipes, sem os melindrar, conselhos e lições disfarçados em elogios. Em suma, torna cada qual mais agradável e mais querido de si mesmo, o que é a essência da felicidade. Existe algo mais afável que duas mulas que se coçam mutuamente[303]?

A Lisonja faz parte da tão celebrada Eloqüência, e mais ainda da Medicina, e no mais alto grau da Poesia. É o mel e o condimento de todas as relações entre os homens[304].

XLV – Mas, dirão, é uma infelicidade ser enganado! Bem maior infelicidade é não o ser. É um enorme erro fazer a felicidade basear-se na realidade; ela depende da opinião que se tem das coisas. Há tanta obscuridade, tanta diversidade nas coisas humanas, que é impossível elucidá-las, como observaram com razão meus Acadêmicos[305], "os menos orgulhosos dos filósofos"; ou então, se alguém chega ao conhecimento, é, muitíssimas vezes, à custa de sua felicidade.

O espírito do homem é feito de um modo tal que lhe agrada muito mais a mentira que a verdade. Fazei a experiência; ide à igreja durante um sermão. Quando se trata de coisas sérias, o auditório dorme, boceja, aborrece-se. É só o apregoador (desculpe, queria dizer pregador), como é freqüente, iniciar uma história de comadres que todos despertam e se mantêm boquiabertos. Assim também, se há um santo um tanto fabuloso e poético, como São Jorge[306], São Cristóvão[307] ou Santa Bárbara[308], vereis dirigirem-se a eles muito mais devotos que a São Pedro, a São Paulo ou mesmo a Cristo. Mas essas coisas não têm nada que fazer aqui.

Como custa pouco essa felicidade! Os menores conhecimentos, como a gramática, adquirem-se com grande dificuldade, ao passo que a opinião se forma com muita facilidade, e contribui o mesmo tanto, ou até mais, para a felicidade. Um homem se alimenta de carnes podres, cujo cheiro um outro não poderia suportar; se nela saboreia um gosto de ambrosia, que diferença isso faz a seu prazer? Ao contrário, quem se enjoa com o esturjão, dele não pode tirar nenhuma satisfação. Uma mulher é feia de meter medo, mas o marido a iguala a Vênus[309]; é o mesmo que se ela fosse perfeitamente bela. O dono de um péssimo quadro, garatujado de vermelhão e de amarelão, contempla-o e admira-o, convencido de que é de Apeles[310] ou de Zêuxis[311]; não será ele mais feliz que aquele que tiver pago uma fortuna por uma pintura desses artistas e talvez não a olhe com mais prazer? Conheci alguém com meu nome[312], que presenteou sua jovem mulher com pedras falsas e a convenceu, sendo bem-falante, de que não só eram verdadeiras e naturais, mas também raras e de preço inestimável. Vejamos, que diferença fazia à jovem senhora? Não deixava de saciar os olhos e o espírito com aqueles vidrilhos; não deixava de proteger aquelas ninharias como um tesouro. O marido, entretanto, evitava os gastos e aproveitava a ilusão da mulher, tão reconhecida como se tivesse recebido um presente principesco.

Haverá alguma diferença entre os que, na caverna de Platão[313], olham as sombras e as imagens dos objetos, nada mais desejando e deleitando-se com elas, e o sábio que saiu da caverna e vê as coisas como são? Se o Micilo de Luciano[314] tivesse conseguido continuar para sempre o sonho dourado em que era rico, não teria tido outra felicidade para desejar. Logo, não há diferença ou, se houver, é a condição dos loucos que se deve preferir. Sua felicidade custa pouco, já que lhes basta um grão de persuasão; em seguida, muitos a desfrutam juntos.

XLVI – Ora, sabemos que nenhum bem satisfaz se não for compartilhado. Mas os sábios, se é que existem, são em número reduzido: a Grécia, depois de tantos séculos, conta com sete ao todo[315], e também aposto alto que, se os examinássemos bem, não encontraríamos entre eles a metade ou mesmo um terço de um homem sábio.

Dentre os muitos benefícios por que Baco é louvado, o primeiro é enxotar as preocupações, é verdade que por muito pouco tempo, pois elas voltam a galope, como se diz, mal acaba a bebedeira. As vantagens que proporciono são muito mais completas, muito mais definitivas. Em que embriaguez perpétua mergulho as almas! Como as cumulo de alegrias, delícias e arroubos, sem lhes exigir nenhum esforço! E não privo ninguém de meus favores, enquanto as outras divindades escolhem os seus privilegiados. Nem todos os lugares produzem este vinho generoso e suave que, para expulsar as preocupações, "é servido com a rica esperança"[316]. Poucos seres recebem a beleza, presente de Vênus, menos ainda a eloqüência, dom de Mercúrio; Hércules não concede a riqueza a muita gente[317], nem Júpiter homérico o cetro ao primeiro a chegar. Mavorte[318] amiúde permanece neutro nos combates. São muitos os que se afastam decepcionados do tripé de Apolo. O filho de Saturno lança freqüentemente seu raio, e feio por vezes[319], com suas flechas, envia a peste. Netuno afoga mais pessoas do que salva. Vejoves[320], Plutões, Atés[321], Castigos, Febres, deixemo-los de lado; não são seres divinos, mas sim carrascos.

Só eu, a Loucura, e mais ninguém, estou sempre pronta para distribuir indistintamente favores para todos os homens.

XLVII – Não espero votos; não me enfureço; não reclamo oferendas expiatórias por um detalhe omitido num rito. Não revolvo céus e terras[322], se convidaram os outros deuses, deixando-me em casa[323] ou se não me deixam farejar o cheiro das vítimas[324]. É tamanha a exigência das divindades neste ponto, que é mais vantajoso e seguro negligenciá-las do que servi-las; assim como existem homens de gênio tão ruim e tão fáceis de se irritar que seria melhor ignorá-los completamente do que os ter como amigos.

Mas ninguém, dizem, oferece sacrifícios à Loucura, nem lhe ergue templos. Exato, e essa ingratidão, já vos disse, muito me surpreende; mas sou indulgente e levo as coisas pelo lado bom. Nem mesmo ligo para isso. Por que me importaria com um pouco de incenso ou um punhado de farinha sagrada, com um bode ou uma porca, quando em todos os lugares onde existem homens obtenho um culto que até os teólogos consideram excelente? Porventura, precisaria eu sentir ciúmes de Diana porque a reverenciam com sangue humano[325]? Eu, de minha parte, acho-me perfeitamente servida por todos e em todos os lugares, quando os corações me possuem, os costumes me refletem e a vida é à minha imagem.

Este modo de praticar um culto não é freqüente entre os cristãos. A maioria apresenta à Virgem, mãe de Deus, uma pequena vela, em pleno dia, que não lhe serve para nada. Mas como são poucos os que se esforçam em imitar suas virtudes, a castidade, a modéstia, o amor das coisas divinas! Este é, entretanto, o verdadeiro culto, muito mais agradável aos habitantes do Céu. Por que, ademais, iria eu desejar um templo, dispondo do mais belo de todos, já que tenho o universo? Em toda parte onde há homens, tenho fiéis. Não sou tão tola para exigir figuras esculpidas ou pintadas, totalmente inúteis a meu culto. Devotos parvos e ignorantes adoram, em lugar dos Deuses, suas imagens[326]; acontece igualmente a um mortal ser suplantado por seu representante. Quanto a mim, conto com tantas imagens quantos são os homens, uma vez que, mesmo involuntariamente, eles são minha imagem viva. Portanto, os outros Deuses não podem inspirar-me inveja, por possuírem na Terra suas capelas e seus dias de devoção; assim são cultuados, em Rodes, Febo[327]; em Chipre, Vênus[328]; em Argos, Juno[329]; em Atenas, Minerva[330]; no monte Olimpo, Júpiter[331]; em Tarento, Netuno[332]; em Lampsaco, Príapo[333]. A mim, é em todo o universo que vítimas bem mais preciosas são ofertadas continuamente.

XLVIII – Se pareço expressar-me com mais presunção que exatidão, examinemos juntos a existência dos homens; suas dívidas para comigo aparecerão claramente, assim como a estima que me consagram os grandes e os pequenos. Não arrolemos cada condição da vida, seria longo demais; pelas mais insignes, julgaremos muitas outras. Por que falar do vulgo e da plebe que, sem contestação, são inteiramente meus? Tantas formas de loucura abundam entre eles e todos os dias inventam tantas novas que mil Demócritos[334] não bastariam, e sempre se teria de recorrer a um Demócrito a mais. É inacreditável quantas brincadeiras e pilhérias os Deuses tiram diariamente dos pobres homens[335]. Passam as horas sóbrias da manhã acolhendo as contestações e esperando as súplicas. Logo, empanturrados de néctar e incapazes de qualquer ocupação séria, vão para a parte mais elevada do Céu, de onde se inclinam, para espiar as ações humanas. Não existe espetáculo mais divertido para eles. Meu Deus! Que comédia! Que agitações e que variedade de loucos!

Eu mesma gosto de ir vê-los, sentada entre os Deuses da poesia. Um morre de amores por uma mulherzinha e, quanto menos é amado, mais se apaixona; o outro não se casa com uma mulher, mas sim com um dote. Um prostitui a mulher; outro a vigia, ciumento como Argos. Ah! Quantas loucuras são cometidas ou ditas num funeral, em que são comediantes pagos que representam a dor! E lá está um que chora no túmulo da sogra! Um homem fará todo seu ganho passar para o ventre[336], com o risco de ficar esfomeado em breve; um outro crê que a felicidade é dormir e não fazer nada. Umas pessoas se agitam sem descanso pelos negócios do vizinho e não cuidam dos seus. Alguns vivem de empréstimos, julgam-se ricos com o dinheiro alheio, estando a dois passos da ruína. Toda a felicidade deste é viver pobre para enriquecer um herdeiro. Aquele lá, por um lucro magro e duvidoso, corre através dos mares, expondo ao perigo das ondas e dos ventos uma existência que dinheiro algum lhe poderia restituir. Este outro prefere procurar fortuna na guerra a descansar em segurança em casa. Existem uns que adulam os velhos sem filhos[337], pensando que assim enriquecerão mais comodamente; outros, claro, fazem a mesma manobra com as velhotas ricas[338]. Tudo isso proporciona aos Deuses um espetáculo bem divertido, no dia em que os enganadores são enganados.

Uma raça muito louca e muito sórdida é a dos mercadores, porquanto exercem uma profissão muito reles[339], por meios muito desonestos. Mentem continuamente, cometem perjúrio, roubos, fraudes, trapaças e, mesmo assim, pretendem ser altamente considerados, graças aos anéis de ouro que lhes rodeiam os dedos. Contam, de resto, com a admiração dos fradépios adulado-res, que os chamam em público de "veneráveis", provavelmente para assegurar-se uma parte do dinheiro mal adquirido. Mais adiante, vedes alguns pitagóricos tão convencidos da comunhão dos bens[340] que se apoderam de tudo que passa sem vigilância a seu alcance, tranqüilamente, como se fosse uma herança. Há uns que são ricos apenas de esperanças; seus sonhos agradáveis bastam para torná-los felizes. Alguns, satisfeitos de parecerem ricos fora, em casa morrem conscienciosamente de fome. Este se apressa em dissipar tudo o que possui, e aquele entesoura sem escrúpulos. Este se cansa lutando pelas honras populares, aquele outro não quer sair do pé do fogo. Muitos intentam processos sem fim e sua intransigência belicosa avantaja-se ainda mais com a lentidão dos juízes e as tramóias dos advogados. Um apaixona-se pela novidade de um projeto, outro, somente por sua grandeza. E lá está um que, para ir a Jerusalém, a Roma, ou então a Santiago[341], onde nada o chama, larga a casa, a mulher e os filhos.

Em suma, se pudésseis olhar da Lua, como outro Menipo[342], as inumeráveis agitações da Terra, pensaríeis ver uma multidão de moscas ou mosquitos que brigam entre si, lutam, se armam ciladas, se roubam, brincam, dão cambalhotas, nascem, caem e morrem; e é inacreditável que tumultos, que tragédias, produzam um tão minúsculo animal destinado a depressa perecer. Freqüentemente, devido a uma curta guerra ou ao ataque de uma epidemia, desaparecem ao mesmo tempo muitos milhares deles!

XLIX – Mas eu mesma não seria a mais louca das criaturas e digna de repetidas zombarias de Demócrito[343], se continuasse a enumerar as loucuras e as insanidades populares? Chego aos que, entre os mortais, se dão ares de sabedoria e cobiçam, como se diz, o ramo de ouro.

Nos primeiros lugares estão os Gramáticos, raça de homens que seria a mais calamitosa, a mais atribulada[344], e a mais malquista pelos Deuses, se eu não viesse atenuar as desgraças de sua infeliz profissão com uma espécie de doce loucura. Eles não são somente cinco vezes malditos, isto é, expostos a cinco graves perigos, como diz um epigrama grego[345]; são mil maldições que pesam sobre eles. Vemo-los sempre famélicos e sórdidos em sua escola; digo escola, deveria dizer sua morada de tristezas, ou melhor ainda, sua galé ou câmara de torturas. Entre um bando de alunos, envelhecem na estafa, ensurdecidos por gritos, envenenados pelo fedor e pela sujeira[346], e, no entanto, proporciono-lhes a ilusão de se considerarem os primeiros dos homens. Ah! Como ficam contentes consigo mesmos quando aterrorizam com o olhar e a voz uma classe trêmula, quando machucam as pobres crianças com a palmatória, com as varas e o chicote, quando, como aquele burro de Cumas[347], se entregam a todas as formas de cólera! Entretanto, a sujeira em que vivem parece-lhes ser o maior asseio e o fedor exalar a manjerona. Sua infeliz servidão é vista como uma realeza e não trocariam sua tirania pelo cetro de Fálaris[348] ou de Dionísio[349].

Mas a maior felicidade vem-lhes do contínuo orgulho de seu saber. Eles, que enchem a cabeça das crianças com puras extravagâncias[350], como se acham superiores, Bons Deuses!, a Palemão[351] e a Donato[352]! E não sei por que sortilégios conseguem ser aceitos tais como se julgam por loucas mamães e papais idiotas. Sentem também extremados prazeres ao descobrir em pergaminhos apodrecidos o nome da mãe de Anquises[353] ou alguma expressão inusitada como *busequa*[354], *bovinator*[355], *manticulator*[356], ou ainda ao desencavar um fragmento de inscrição num pedaço de pedra velha. Ó Júpiter! Que exaltação! Que triunfo! Que elogios! Teriam eles vencido a África ou tomado Babilônia[357]? Divulgam os mais frios e tolos versinhos, encontram admiradores que nos elogiam, e persuadem-se de que a alma de Virgílio passou para eles. Nada os encanta mais do que distribuir entre si as admirações e os elogios, e trocar congratulações. Mas, se um deles deixa escapar um lapso e, porventura, um mais avisado o percebe, por Hércules! Que tragédia! Que clamor geral! Que injúrias e que invectivas! Que todos os gramáticos se voltem contra mim, se exagero!

Conheci um sábio com conhecimentos muito variados, rematado mestre em grego, latim, matemáticas, filosofia e medicina, e quase sexagenário, que largou tudo por mais de vinte anos para se torturar estudando gramática. Dizia que seria feliz, se pudesse viver o suficiente para definir a fundo as oito partes do discurso, o que ninguém até aqui, nem entre os gregos nem entre os romanos, conseguiu fazer com perfeição. Como se fosse motivo de guerra tirar uma conjunção do domínio dos advérbios! Sabe-se que há tantas gramáticas quanto gramáticos, e até mais, já que meu amigo Aldo[358], sozinho, imprimiu mais de cinco. Não existe nenhuma tão bárbara e tão penosa que nosso amigo consinta deixar de lado; folheia-as e manuseia-as sem cessar; espreita os mais insignificantes tolos que dizem algumas asneiras sobre a matéria, temendo sempre ser roubado de sua glória e perder o trabalho de tantos anos. Chamai a isto, à vossa escolha, insanidade ou loucura, para mim é indiferente, contanto que concordeis que é por minhas benesses que o animal, de longe o mais infeliz de todos, alcança tamanha felicidade que recusaria trocar sua sorte pela do rei da Pérsia.

L – Os Poetas devem-me menos, embora sejam por natureza de minha gente. Formam uma raça independente, como diz o provérbio[359], constantemente aplicada em seduzir o ouvido dos loucos com ninharias e fábulas completamente ridículas. É surpreendente que com tal bagagem esperem a imortalidade, uma vida igual à dos Deuses, e se achem capazes de garanti-la aos outros[360]. Esta categoria, que está, acima de tudo, a serviço do Amor-Próprio e da Lisonja, é, em todo o gênero humano, a que me reverencia com mais sinceridade e constância.

Os Retóricos também são dos meus, embora lhes suceda por vezes me serem infiéis, e terem os mesmos propósitos que os filósofos. Entre outras tolices, reprovo-os por terem escrito tantas vezes, e com tanta seriedade, sobre a arte de gracejar. Qualquer que seja o autor do tratado *Retórica a Herênio*, inclui a Loucura entre as facécias[361], e Quintiliano, príncipe dos Retóricos, tem um capítulo sobre o riso que é mais longo que a *Ilíada*[362]! A Loucura é tão apreciada por todos que, muito amiúde, como supremo argumento, costumam provocar o riso. É, pois, a mim que recorrem, já que é meu papel fazer dar risadas.

Da mesma farinha são os Escritores, que aspiram à fama imortal com a publicação de seus livros. Todos me devem enormemente, sobretudo aqueles que escreviam no papel puras patranhas. Quanto aos que submetem sua erudição ao julgamento de um pequeno número de sábios e não recusam nem Pérsio nem Lélio[363], parecem-me muito mais infelizes do que felizes, dada a tortura sem fim que se impõem. Acrescentam, mudam, suprimem, abandonam, retomam, reformulam, consultam sobre seu trabalho, guardam-no nove anos, não se satisfazem jamais; e a glória, fútil recompensa que poucos recebem, pagam-na singularmente à custa do sono, esse bem supremo, e com tantos sacrifícios, suores e labutas. Acrescentemos a perda da saúde e da beleza, a oftalmia[364] e mesmo a cegueira, a pobreza, os invejosos, a privação de todo prazer, a velhice precoce, a morte prematura e tantas outras misérias. Com esta série de sacrifícios nosso sábio não julga pagar caro demais a aprovação que lhe regateia este ou aquele caquético.

Enquanto isso, o escritor sob meus auspícios desfruta um feliz delírio, e sem fadiga deixa fluir de sua pena tudo o que lhe passa pela cabeça, transcreve tudo o que sonha, não despendendo nada mais que o papel, sabendo, aliás, que quanto mais fúteis forem suas futilidades, mais aplausos recolherá, os da unanimidade dos loucos e dos ignorantes. Que lhe importam uns três doutores que poderiam lê-lo e reprová-lo? Qual o peso de tão poucos diante da multidão de contraditores?

Mais avisados ainda são os que sabem atribuir-se as obras alheias. Apropriam-se da glória que caberia a um outro por seu grande trabalho, certos de que a acusação de plágio não os impedirá de se beneficiarem dela por uns tempos. Vede-os emproarem-se com os elogios e serem apontados pela multidão[365]: "Aquele ali é um homem famoso!" Os livreiros expõem-lhes as obras bem à vista, em cujo título se lêem três nomes[366], no mais das vezes estranhos e cabalísticos. Que significam, pois, esses nomes, Deuses imortais! E quão pouca gente há no vasto mundo capaz de compreender-lhes o sentido, e menos ainda de aprová-los, já que mesmo os ignorantes têm suas preferências! Estes nomes, na verdade, são normalmente forjados ou tirados dos livros dos antigos. Apetece a um chamar-se Telêmaco, a um outro Esteleno[367] ou Laertes[368], ou ainda Polícrates[369] ou Trasímaco[370]; da mesma forma poderiam dar a seus livros o título de *Camaleão* ou *Abóbora*, ou neles inscrever, como os filósofos[371], *Alfa* ou *Beta*.

O supra-sumo é cumularem-se de elogios recíprocos em epístolas e peças em versos. É a glorificação do louco pelo louco, do ignorante pelo ignorante. O sufrágio de um proclama o outro Alceu e este o aclama Calímaco[372]. Este que afirma serdes superior a Cícero, declarai-o mais sábio que Platão. Procuram às vezes um adversário para aumentar a própria reputação através de uma batalha. "Formam-se dois partidos entre o público"[373], os dois chefes combatem às mil maravilhas e celebram a respectiva vitória. Os sábios zombam com razão dessa extremada loucura. Não a nego; mas, entrementes, faço-os tão felizes que não trocariam seu triunfo pelo dos Cipiões.

Mas também esses sábios, que sentem tanto prazer em rir dessas enormidades e em gozar da loucura dos outros, não deixam de ser meus devedores e não o poderiam contestar sem serem os mais ingratos dos homens.

LI – Dentre eles, os Jurisconsultos reclamam o primeiro posto, pois não existe ninguém mais vaidoso. Rolam assiduamente a rocha de Sísifo[374], amontoando textos de leis sobre um assunto sem a mínima importância. Acumulando glosa sobre glosa[375], opinião sobre opinião, dão a impressão de que sua ciência é a mais difícil de todas. Imaginam, de fato, que tudo que dá trabalho é meritório.

Juntemos a eles os Dialéticos e os Sofistas, raça mais barulhenta que os bronzes de Dodona[376] e dentre os quais o mais quieto venceria em tagarelice vinte mulheres escolhidas a dedo. Pouca importância teria serem tão tagarelas, mas são também briguentos a ponto de se excitarem e sacarem a espada pela lã de cabra[377] e de perderem, no calor da discussão, qualquer preocupação com a verdade. Entretanto, seu amor-próprio deixa-os felizes, já que três silogismos os armam suficientemente para declararem-se contra qualquer pessoa, sobre o que quer que seja. E sua obstinação os mantém invencíveis, mesmo diante de Estentor[378].

LII – Depois deles vêm os Filósofos, respeitáveis pela barba e pelo manto[379], e se declaram os únicos sábios, vendo no resto da humanidade umas sombras flutuantes[380]. Que deliciosos transportes, quando edificam inumeráveis mundos, quando medem com o dedo e com o fio o sol, a lua, as estrelas e as esferas, quando explicam sem hesitar o raio, os ventos, os eclipses e outras coisas inexplicáveis, como se fossem confidentes da Natureza construtura do mundo e delegados do conselho dos Deuses! A Natureza, entretanto, ri-se magnificamente deles e de suas conjecturas, pois nada tiraram de boa fonte, como o provam as discussões sem fim que sustentam sobre qualquer coisa. Não sabem nada de nada e pretendem tudo conhecer; desconhecem a si mesmos, não enxergam o fosso ou a pedra em seu caminho[381], ou por cansaço da vista ou por distração do espírito. Ao mesmo tempo, têm a pretensão de ver bem as idéias, os universais[382], as formas separadas[383], os elementos-primeiros[384], as qüididades[385], as ecceidades[386], coisas estas tão difíceis de enxergar que até a Linceu[387] escapam. Que desprezo pelo vulgo profano, todas as vezes que amontoam seus triângulos, quadrados, círculos e outras figuras geométricas, emaranhadas e confusas como um labirinto, e quando suas letras de alfabeto, organizadas em ordem de batalha, deitam nos olhos dos ignorantes a poeira que os cega! Alguns também predizem o futuro pelos astros, prometendo milagres que superam os da magia, e têm a sorte de encontrar pessoas para acreditar.

LIII – Seria melhor, por certo, não tocar nos teólogos, evitar remexer nesse Camarina[388], não relar nessa erva infecta. Raça surpreendentemente soberba e irritável[389], usariam contra mim mil conclusões em bloco e, se eu me recusasse a me retratar, denunciar-me-iam sem demora como herege. É o raio com que aterrorizam instantaneamente quem lhes desagrada. Não encontrei ninguém que fosse menos reconhecido do que eles por minhas benesses, embora delas eu os cumule. O amor-próprio, por exemplo, eleva-os ao terceiro céu. Do alto dessa morada encantada, olham o resto dos mortais, rebanho que rasteja na Terra, e deles se apiedam. Cerco-os com um exército de definições magistrais, conclusões, corolários, proposições explícitas e implícitas; estão armados de tantos subterfúgios que conseguiriam escapar da rede de Vulcano[390], cortando-lhe todos os nós com as distinções de que dispõem, com mais facilidade que com o machado de Ténedos[391]. Seu estilo regurgita de neologismos e de termos extraordinários. Explicam à sua maneira os arcanos dos mistérios: como o mundo foi criado e distribuído; por que canais a mácula do pecado se espalhou sobre a posteridade de Adão; por que meios, em que medida, e em que instante Cristo foi terminado no seio da Virgem; de que modo, no sacramento, os acidentes subsistem sem a matéria.

A estas questões, hoje banais, os grandes teólogos, os iluminados como se chamam, preferem, e julgam mais dignas deles, outras questões que os excitam ainda mais: se houve um instante preciso na geração divina; se houve várias filiações em Cristo; se é possível sustentar a proposição de que Deus Pai odeia o Filho; se Deus poderia ter vindo sob a forma de uma mulher, de um diabo, de um burro, de uma abóbora ou de um pedregulho; se a abóbora teria pregado, feito milagres, sido crucificada. Que teria consagrado São Pedro, se tivesse celebrado a missa enquanto o corpo de Cristo estava pregado na cruz? Naquele momento, poder-se-ia dizer que Cristo era homem? Os homens, após a ressurreição, poderão comer e beber? Essa gente se precavê de antemão, como se vê, contra a fome e a sede.

Incontáveis são as suas sutis parvoíces, ainda mais sutis que as anteriores, a respeito dos instantes, noções, relações, formalidades, qüididades[392], ecceidades[393], todas quimeras, que apenas o olho de Linceu[394] poderia enxergar; ademais, precisariam distinguir através das mais espessas trevas o que não existe. A isso acrescentai que sentenças tão paradoxais quanto as dos estóicos, que trazem o nome de paradoxos, perto delas parecem banalidades e lugares-comuns:

"É menor o pecado, dizem, de massacrar mil homens do que costurar o sapato de um pobre no domingo. Seria preferível deixar perecer o universo inteiro, com tudo o que contém, a dizer uma mentirinha só, por mais leve que fosse." Sutilezas mais sutis ainda atulham os caminhos por onde vos conduzem os inumeráveis escolásticos. O traçado de um labirinto é menos complicado que os tortuosos caminhos dos realistas[395], nominalistas[396], tomistas[397], albertistas[398], ockhamistas[399], scotistas[400], e outras tantas escolas das quais só enumero as principais. A erudição de todas é tão complicada que os próprios Apóstolos necessitariam receber um outro Espírito Santo para discutir tais assuntos com esses teólogos de um novo gênero.

São Paulo, reconhecem, teve a fé, mas a definiu com bem pouca magistralidade ao dizer: "A fé é a substância da esperança e a convicção das coisas invisíveis."[401] Praticava perfeitamente a caridade, mas não a dividiu, nem a definiu de acordo com a dialética, na Primeira Epístola aos Coríntios, capítulo XIII. Os Apóstolos seguramente consagravam com piedade a Eucaristia; mas que teriam respondido sobre o termo *a quo* e o termo *ad quem*, sobre a transubstanciação, sobre a presença do mesmo corpo em diversos lugares, sobre as diferenças do corpo de Cristo no Céu, na Cruz e no Sacramento, sobre a relação entre o momento em que se dá a transubstanciação e as palavras operantes, suficientes para a efetuarem.

Não duvidemos, as respostas dos Apóstolos seriam bem menos sutis que as dissertações e definições dos scotistas. Conhecem a Mãe de Jesus, mas qual deles demonstrou sua isenção da mácula de Adão tão filosoficamente como o fizeram nossos teólogos[402]? Pedro recebeu as chaves[403], e certamente daquele que não as confiaria a um indigno; entretanto, não sei se ele entenderia a idéia sutil de que o ser que não possui a ciência pode ter-lhe a chave[404]. Os Apóstolos batizavam em todos os lugares; porém, não ensinaram em parte alguma qual é a causa formal, material, eficiente e final do batismo; nunca fizeram menção de seu caráter delével e indelével. Adoravam, por certo, mas em espírito, limitando-se a seguir estas palavras evangélicas[405]: "Deus é espírito e deve ser adorado em espírito e em verdade." Não parece que lhes tenha sido revelado que igual adoração devia ser estendida a uma medíocre imagem traçada a carvão em uma parede, mostrando o próprio Cristo, contanto que o apresente com dois dedos levantados, longos cabelos e três raios aderentes ao occipício. Para saber estas coisas, não é preciso ter estudado, ao menos por trinta e seis anos, a física e a metafísica de Aristóteles e de Scot?

Os Apóstolos mencionam a graça, mas jamais distinguem a graça dada gratuitamente da graça gratificante. Encorajam as boas obras, sem discernir a obra operante da obra operada. Ensinam a caridade, sem saber separar a infusa da adquirida, sem explicar se ela é acidente ou substância, coisa criada ou incriada. Detestam o pecado, mas, o que chamamos de pecado, que eu morra se eles souberam dar-lhe uma definição científica! Falta-lhes terem estudado com os scotistas. Quem me faria acreditar que São Paulo, por quem julgamos o saber de todos, teria condenado tantas vezes as questões[406], discussões[407], genealogias[408], e o que chama de querelas de palavras[409], se ele mesmo tivesse sido iniciado nessas argúcias? E no entanto, as discussões daquele tempo eram bem medíocres e grosseiras em comparação com as de nossos mestres, mais sutis que o próprio Crisipo[410].

Estes doutores, contudo, mostram-se bastante modestos para não condenarem o que os Apóstolos escreveram de imperfeito e pouco magistral; consentem honrar tanto a antigüidade quanto o nome apostólico; e, na verdade, não seria justo esperar dos Apóstolos o grande ensinamento de que seu Mestre jamais lhes disse uma palavra. Mas, quando a mesma insuficiência se revela em

Crisóstomo[411], Basílio[412] ou Jerônimo[413], cumpre assinalar na passagem: "Isto não é aceito." Foi somente por sua vida e milagres que esses Padres refutaram os filósofos étnicos[414], muito teimosos por natureza[415], pois eram incapazes de compreender o menor *quodlibetum*[416] de Scot. Mas hoje, que pagão, que herege não entregaria imediatamente as armas diante de tantas sutilezas? Existem uns, é verdade, bastante obtusos para não entender nossos doutores, bastante impertinentes para vaiá-los, ou mesmo tão bons dialéticos que sustentam o combate. São então mágicos contra mágicos, cada qual lutando com um gládio encantado e nada mais conseguindo senão tecer indefinidamente o trabalho de Penélope.

Se os cristãos me escutassem, em vez dos pesados exércitos, que há muito não conseguem vencer, enviariam contra os turcos e os sarracenos os ruidosos scotistas, os teimosíssimos ockhamistas[417], os invencíveis albertistas[418] e todo o regimento dos sofistas; assistiríamos, em minha opinião, à mais divertida das batalhas, e a uma vitória de gênero inédito. Que frieza não se aqueceria com seu contato? Que inércia não cederia a seus aguilhões? E quem seria bastante esperto para se safar de suas trevas?

Mas credes que digo tudo isso por zombaria? Seria natural, já que os próprios teólogos instruídos nas boas letras sentem náusea dessas sutilezas teológicas e as consideram bobagens. Existem uns que consideram como execrável e quase sacrílego, e de suprema falta de respeito, tratar assim irreverentemente as coisas santas, que exigem mais adoração do que explicação, discuti-las com as mesmas profanas argúcias que as pagãs, defini-las com tamanha arrogância, e macular com palavras tão vãs e com pensamentos tão sórdidos a majestade da divina

Teologia. Apesar desta oposição, nossa gente se compraz consigo mesma e se congratula, dia e noite absorta por amáveis bufonarias que nem sequer lhe deixam tempo para folhear uma vez o Evangelho ou as Epístolas de São Paulo. E enquanto se divertem, nas universidades, com essas baboseiras, julgam que a Igreja inteira se apóia em seus silogismos e que desabaria sem eles, como os poetas dizem que Atlas sustenta o céu sobre os ombros.

Julgai da felicidade deles! Modelam e remodelam à vontade, como a cera, os Textos sagrados; apresentam suas conclusões, já aprovadas por alguns escolásticos, como superiores às leis de Sólon e até preferíveis aos decretos pontifícios; fazem-se os censores do mundo e exigem que se retrate tudo o que não se adapte exatamente a suas próprias conclusões explícitas e implícitas; enfim, pronunciam seus oráculos: "Esta proposição é escandalosa; aquela é irreverente; esta cheira à heresia; aquela lá soa mal." Por isso, nem o batismo nem o Evangelho, nem São Paulo ou São Pedro, nem São Jerônimo ou Santo Agostinho, nem mesmo Santo Tomás, o aristotélico supremo, conseguiriam tornar alguém cristão, se não acrescentassem a seu ensinamento a autoridade desses bacharéis, grandes juízes em sutilezas. Quem imaginaria que não é cristão considerar como equivalentes estas duas frases: "penico, tu fedes" e "o penico fede"[419]? Da mesma forma, "ferver na panela" ou "ferver dentro da panela", só será a mesma coisa se esses sábios o ensinaram. De tantos erros, na verdade despercebidos até eles, quem teria purgado a Igreja, se eles não os houvessem assinalado sob as grandes chancelas das universidades! Como são felizes, quando exercem essa atividade, e quando descrevem minuciosamente todas as coisas do Inferno, como se tivessem passado anos no seio dessa república; e quando criam, conforme sua fantasia, novas esferas[420], acrescentando a mais extensa e a mais bela, a fim de não faltar espaço para as almas bem-aventuradas passearem, banquetearem ou jogarem péla! Tamanhas tolices e mil outras semelhantes lhes enchem e abarrotam tanto o cérebro, que o de Júpiter estava menos sobrecarregado, quando implorou o machado de Vulcano para dar à luz Palas[421]. Não vos surpreendeis, pois, ao vê-los, nos dias de controvérsias públicas, com a cabeça tão apertada no gorro[422], pois que sem isso ela explodiria em estilhaços.

Rio amiúde, comigo mesma, ao observar de que modo eles estabelecem sua superioridade teológica. Vence quem empregar a linguagem mais bárbara e mais grosseira; vence quem balbuciar a ponto de só ser entendido por um gago. Dizem-se profundos quando o público não os pode seguir; julgam mesmo indigno das Letras sagradas submeter seu estilo às leis dos gramáticos[423]. Seria uma estranha prerrogativa dos teólogos, a de serem os únicos a falar incorretamente, se não a partilhassem com uma multidão de gente do povo. Enfim, julgam-se próximos de Deus, cada vez que são saudados com devoção com o título de *magister noster*. A expressão, em sua opinião, equivale ao tetragrama dos judeus[424]; destarte proíbem escrevê-la de outra maneira que não seja em maiúsculas e, se alguém a invertesse para *noster magister*, lesaria com certeza a majestade da reputação teológica[425].

LIV – Logo depois da felicidade dos teólogos vem a dos vulgarmente chamados Religiosos ou Monges, uma designação duplamente falsa, pois a maior parte está muito longe da religião e ninguém circula mais em todos os lugares do que esses pretensos solitários[426]. Seriam, em meu parecer, os mais infelizes dos homens, se eu não os socorresse de mil maneiras. Sua espécie é universalmente execrada, a ponto de seu encontro fortuito ser tido como de mau agouro, e, no entanto, têm magnífica opinião de si mesmos. Julgam que a suprema piedade é nada saber, nem sequer ler. Quando zurram como asnos nas igrejas, cantando os salmos que enfileiram sem compreender, acreditam deliciar os ouvidos das pessoas celestes. De seus cascões e de sua mendicância, muitos se vangloriam; berram às portas para ter pão; atravancam em toda parte os albergues, os carros, os barcos, com grande prejuízo dos outros mendigos. Pessoas amáveis, que pretendem lembrar os Apóstolos pela sujeira e ignorância, pela grosseria e impudência!

O mais engraçado é que todos os seus atos seguem uma regra e acreditam cometer pecado grave se se afastarem um pouco que seja de seu rigor matemático: tantos nós na sandália, a cor do cíngulo, o número de peças do hábito, o tecido e a largura da cinta, a forma do capuz e seu tamanho, o número de dedos da circunferência da tonsura, e quantas horas para o sono! Quem não vê o quanto essa igualdade é desigual, exigida de seres tão diferentes no físico e no temperamento? Essas bobagens, contudo, os deixam tão orgulhosos que desprezam todo o mundo e desprezam até as outras ordens. Homens que professam a caridade apostólica dão altos brados por uma roupa fechada de modo diferente, por uma cor um pouco mais escura. Rigidamente apegados a seus costumes, uns têm o hábito de lã de Cilícia[427] e a camisa de pano de Mileto[428], os outros usam o pano em cima, a lã embaixo.

Há uns que temem como um veneno o contato do dinheiro, mas de modo algum o do vinho, nem o das mulheres. Todos desejam singularizar-se por seu gênero de vida. O que ambicionam não é se assemelharem a Cristo, mas se diferenciarem um do outro. Seus nomes também os deixam consideravelmente envaidecidos: entre aqueles que se deliciam de ser chamados Franciscanos[429], distinguimos os Coletinos[430], os Menores[431], os Mínimos[432], os Bulistas[433]. E há também os Beneditinos[434], os Bernardos[435], os Brígidos[436], os Agostinianos[437], os Guilherminos[438], os Jacobinos[439], como se não lhes bastasse chamarem-se Cristãos!

Suas cerimônias, suas pequenas tradições totalmente humanas, têm a seus olhos tanto valor que sua recompensa só poderia ser o céu. Esquecem que Cristo, desprezando tudo isso, lhes perguntará somente se obedeceram à sua lei, a da caridade. Um exibirá a pança empanturrada de peixes de toda espécie; o outro despejará cem alqueires de salmos; um outro enumerará miríades de jejuns, em que a única refeição o deixava de barriga cheia; um outro fará com suas práticas um monte bastante grande para carregar sete navios; outro se glorificará por não ter tocado em dinheiro durante sessenta anos, a não ser com os dedos enluvados; um outro apresentará o hábito, tão imundo e tão sórdido que nem um marinheiro o colocaria sobre a pele; um outro lembrará que viveu mais de onze lustros no mesmo lugar[440], grudado como uma esponja; outro pretenderá que rachou a voz de tanto cantar; um outro que se embruteceu com a solidão ou que perdeu, no silêncio perpétuo, o uso da palavra.

Mas Cristo interromperá a enxurrada sem fim dessas glorificações: "Qual é, dirá ele, esta nova espécie de judeus? Não reconheço senão uma lei como minha, e é a única de que ninguém me fala. Outrora, e sem usar o véu das parábolas, prometi claramente a herança de meu Pai, não para hábitos, pequenas orações ou abstinências, mas para obras de fé e caridade. Não reconheço aqueles que conhecem demais seus méritos; se querem parecer mais santos do que eu, que vão morar, se quiserem, no céu dos abraxasianos[441] ou mandem que aqueles cujas mesquinhas tradições puseram acima de meus preceitos construam um céu novo!" Quando essa gente escutar esta linguagem e se vir preterida por marinheiros e carroceiros, que cara farão ao se olharem?

Enquanto isso, graças a mim, gozam de sua esperança. E, conquanto sejam alheias à coisa pública, ninguém ousa manifestar-lhes desprezo, sobretudo aos mendicantes, que detêm os segredos de todos, através do que chamam confissões. Consideram um crime, é verdade, trair-lhes os segredos, a menos, contudo, que tenham bebido e queiram divertir-se com histórias engraçadas; deixam então terreno às suposições, sem entregar os nomes. Não irriteis esses marimbondos; vingar-se-ão em seus sermões, nos quais designam um inimigo por alusões indiretas, mas que todos captam, por pouco que saibam compreender. Só pararão de ladrar se lhes puserem a papa na boca[442].

Que comediante, que saltimbanco, encontrareis mais vigorosos que esses pregadores, retóricos ridículos certamente, mas hábeis em arremedar os usos tradicionais da retórica? Como gesticulam, Deuses imortais! Como sabem adaptar a voz, trautear, agitar-se, mudar sucessivamente a expressão do rosto, e a toda hora soltar exclamações! Essas receitas de sermões são um segredo que os fradecos passam entre si de mão em mão. Sem nele ser iniciada, eis como o imagino. Começam com uma invocação, costume aprendido com os poetas; depois, se têm de falar sobre a caridade, tiram seu exórdio do Nilo, rio do Egito, se contam o mistério da Cruz, recorrem no momento oportuno ao dragão Bel[443] da Babilônia; se se trata de jejum, lembram os doze signos do Zodíaco; e, querendo falar da Fé, estendem-se longamente sobre a quadratura do círculo.

Eu mesma ouvi um louco muitíssimo bem sucedido – desculpai-me, queria dizer um sábio homem – explicar numa famosa assembléia o mistério da Santíssima Trindade. Para demonstrar como era refinada sua ciência, e satisfazer aos ouvidos teológicos, empreendeu um caminho verdadeiramente novo: falou do alfabeto, das sílabas, das partes do discurso, da concordância do sujeito com o verbo e do adjetivo com o substantivo. Muitos se espantavam, e alguns cochichavam entre si as palavras de Horácio: "Aonde levam todas estas parvoíces?"[444] Daquilo deduziu que a Santíssima Trindade se acha todinha figurada no rudimento dos gramáticos, e que as figuras matemáticas não representariam esse mistério com mais clareza. Cinzelando seu discurso, aquele supremo teólogo passara oito meses completos; hoje está mais cego que uma toupeira[445], pois toda a acuidade de seus olhos foi gasta, sem dúvida, pela enérgica ação do espírito. Nosso homem de modo algum lamenta essa enfermidade, e acha que pagou barato por sua glória.

Ouvi um outro, este octagenário, e tão bom teólogo que teríeis acreditado ser Scot ressuscitado. Tendo de explicar o mistério do nome de Jesus, demonstrou com admirável sutileza que as letras dessa palavra contêm tudo o que se pode dizer do próprio Jesus. Sua terminação na declinação latina muda em três casos, o que é o símbolo evidente da Trindade Divina. A primeira forma, *Jesus*, termina em *s*, a segunda, *Jesum*, em *m*, a terceira, *Jesu*, em *u*, o que oculta um inefável mistério: essas três letrinhas indicam, de fato, que Jesus é o começo (*summum*), o meio (*medium*) e o fim (*ultimum*). Elas encerram um segredo mais profundo ainda, pertencente ao domínio das matemáticas. O orador dividiu o nome de Jesus em duas partes iguais, isolando a letra *s* que fica no meio; mostrou que esta letra é a que os hebreus chamam *syn*, palavra que, em língua escocesa[446], creio, significa *pecado*; daí concluiu que, com toda evidência, Jesus devia tirar os pecados do mundo! Um exórdio tão novo estupeficou de tal modo os ouvintes que os teólogos, especialmente, estiveram bem perto de sofrer o fado de Níobe[447]. Quanto a mim, por pouco não me acontece o acidente daquele Príapo de figueira, que teve o infortúnio de assistir aos ritos noturnos de Canídia e Ságana[448].

Realmente, havia do que se rir. Jamais o grego Demóstenes, nem o latino Cícero teriam começado de tal maneira; consideravam vicioso o exórdio alheio ao assunto[449]; tampouco é assim que começam seus discursos os guardadores de porcos, bons alunos da Natureza. Mas nossos sábios querem fazer, do que chamam seu "preâmbulo", uma obra-prima de retórica; crêem ter logrado êxito, se dele excluíram toda relação com o assunto, e se o ouvinte maravilhado cochicha: "Como ele vai sair dessa?"[450]

Em terceiro lugar, se tiram às pressas alguma coisa do Evangelho, é um trecho qualquer da narrativa, tomado às pressas, quando explicá-lo deveria ser sua única tarefa. Em quarto lugar, mudando de papel, discutem uma questão de teologia, amiúde tão alheia ao céu quanto à terra[451]. Isto é mesmo, segundo eles, seguir uma regra de arte. Enfim, dando mostras da soberba teológica, trombeteiam aos ouvidos os títulos pomposos de doutores solenes, doutores sutis, doutores sutilíssimos, doutores seráficos, doutores santos, doutores irrefutáveis. Impõem ao vulgo incompetente silogismos, maiores, menores, conclusões, corolários, suposições, frias tolices escolásticas. Resta o quinto ato, em que o artista deve superar-se. E lá está ele contando uma ridícula fábula sem graça, tirada, por exemplo, do *Speculum historiale*[452] ou das *Gesta Romanorum*[453], e interpretando-a, sucessivamente, por alegoria[454], por tropologia[455], e por analogia[456]; com isso, ele acaba de fabricar sua quimera, um monstro tal que Horácio não pôde imaginar, quando escreveu: "Acrescentai à cabeça humana etc..."[457]

Mas não sei quem lhes ensinou que se deve pronunciar o exórdio com voz pausada e sem clamores; começam, portanto, num tom tão baixo que eles mal escutam o som da própria voz. Como se houvesse algum interesse em falar para não ser ouvido por ninguém! Ouviram dizer que para comover há que se usar exclamações; vemo-los então passar bruscamente, e sem necessidade alguma, das palavras calmas ao grito furioso. Administrar-se-ia heléboro a qualquer um que gritasse assim fora de propósito. Em seguida, disseram-lhes que convém inflamar-se progressivamente ao falar; depois de recitarem de qualquer jeito o início de cada parte, elevam a voz de repente, prodigiosamente, para dizer as coisas mais simples; perderam o fôlego quando acaba o discurso. Enfim, sabendo que a retórica utiliza o riso, esforçam-se por alegrar o texto com algumas brincadeiras. Quantas graças, ó cara Afrodite! E quanta pertinência, e como é realmente o asno tocando a lira[458]! Às vezes também repreendem, mas acariciam mais do que ferem, sabendo que o melhor meio de lisonjear é ostentar uma crítica franca. Em suma, julgar-se-ia, ao ouvi-los, que seus mestres foram os camelôs de feira, de resto bem superiores a eles. São tão parecidos, em todo o caso, que ou uns ou outros têm de ter sido os professores desta comum retórica. Não obstante, por meus bons serviços, esses tagarelas encontram admiradores que os tomam por Demóstenes e Cíceros. Encontram-nos sobretudo entre os mercadores e as mulherzinhas, cujos ouvidos são assediados por suas lisonjas. Os primeiros, se suficientemente bajulados, deixam-lhes uma pequena parte dos bens mal adquiridos; as outras têm muitos motivos para amá-los, principalmente a satisfação de se desabafar em seu peito e falar mal do marido.

Vedes, creio, quanto me deve essa gente, que, por suas momices, suas ridículas tolices e suas gritarias, exerce uma espécie de tirania entre os homens e se crê Paulo[459] e Antão[460].

LV – Fico bem contente agora de deixar esses histriões, cuja ingratidão encobre as minhas benesses e cuja hipocrisia se disfarça de piedade.

Faz muito tempo que desejava falar dos Reis e dos Príncipes das cortes; eles, pelo menos, com a franqueza que convém a homens livres, prestam-me culto sincero.

Para dizer a verdade, se tivessem o mínimo bom senso, que vida seria mais triste e mais digna de fuga do que a deles? Ninguém quereria pagar a coroa ao preço de um perjúrio ou de um parricídio, se refletisse sobre o peso do fardo que se impõe àquele que quer realmente governar. Assim que toma o poder, já deve pensar apenas nos negócios políticos e não nos seus[461], só visar ao bem geral, não se afastar uma polegada[462] da observação das leis que promulgou e fazer executar, exigir a integridade de todos na administração e nas magistraturas. Todos os olhares voltam-se para ele, pois ele pode ser, por suas virtudes, o astro benfazejo que garante a salvação dos homens ou o cometa mortal que lhes traz o desastre. Os vícios dos outros não têm tanta importância e a influência deles não vai tão longe; mas o Príncipe ocupa uma posição tal que suas menores faltas espalham o mau exemplo universal. Favorecido pela fortuna, é rodeado por todas as seduções; entre os prazeres, a independência, a adulação, o luxo, ele tem muitos esforços a fazer, muitos cuidados a tomar, para não se enganar sobre seu dever e a ele nunca faltar. Afinal, vivendo no meio de embustes, ódios, perigos, e sempre em temor, sente acima da cabeça o verdadeiro Rei, que não tardará a lhe pedir contas da menor falta, e será tanto mais severo com ele quanto maior for o poder que tiver exercido.

Na verdade, se os príncipes se vissem nessa situação, o que fariam se fossem sábios, não poderiam, acredito, saborear em paz o sono, nem os prazeres da mesa. É aí que trago minha mercê: deixam aos Deuses o arranjo dos negócios[463], levam uma vida de indolência e só querem escutar os que sabem falar agradavelmente e expulsar toda preocupação das almas. Crêem cumprir plenamente a função real, indo assiduamente à caça, mantendo belos cavalos, negociando a seu bel-prazer magistraturas e comandos, inventando todo dia novas maneiras de fazer com que o fisco absorva a fortuna dos cidadãos, descobrindo hábeis pretextos que encobrirão com aparência de justiça a pior iniqüidade. A isso acrescentam, para que a eles se afeiçoem, algumas lisonjas às massas populares.

Imaginai agora o Príncipe tal como é freqüentemente. Ignora as leis, é bastante hostil ao bem comum, pois só tem em vista o seu; entrega-se aos prazeres, odeia o saber, a independência e a verdade, escarnece do interesse público e não tem outras regras além de suas cobiças e seu egoísmo. Dai-lhe o colar de ouro, símbolo da reunião de todas as virtudes, e a coroa ornada de pedras finas, para adverti-lo de que deve superar todos por um conjunto de virtudes heróicas; acrescentai-lhe o cetro, emblema da justiça e de uma alma incorruptível, e enfim a púrpura, que significa o perfeito devotamento ao Estado. Um príncipe que soubesse comparar sua conduta a estas insígnias de sua função, enrubesceria, parece-me, por estar revestido delas e temeria que um malicioso intérprete viesse ridicularizar toda essa parafernália de teatro.

LVI – Que poderei dizer dos Cortesãos? Nada há de mais rastejante, de mais servil, de mais tolo, de mais vil do que a maior parte deles, e nem assim deixam de pretender à primeira posição em todos os lugares. Somente acerca de um ponto são reservados; satisfeitos por colocarem no corpo o ouro, as pedrarias, a púrpura e os diversos emblemas das virtudes e da sabedoria, deixam para outros a prática destas. Toda sua felicidade consiste no direito de chamarem o rei de "Meu Senhor", de saberem saudá-lo em três palavras, de prodigalizarem títulos oficiais em que se fala de Serenidade, Majestade, Magnificência. Com elas lambuzam o focinho, divertem-se na lisonja; estes são os talentos essenciais do nobre e do cortesão.

Se os olhardes de mais perto, vereis que vivem como verdadeiros feácios como pretendentes de Penélope[464]; conheceis o fim do verso que Eco vos dirá melhor que eu. Dormem até meio-dia; têm a seu dispor um padreco, que espera ao pé da cama, e lhes reza depressa, assim que se levantam, uma missa apressada. Mal terminado o almoço, o jantar os chama. Depois são os dados, o jogo de xadrez, os adivinhos, os bufões, as mulheres, os divertimentos e as tagarelices. Entrementes, uma ou duas merendas; depois voltam à mesa para a ceia, que é seguida por bebedeiras. Desse modo, sem risco de tédio, passam as horas, os dias, os meses, os anos, os séculos. Eu mesma deixo enojada essas altas personalidades, que se julgam amigas dos Deuses e se imaginam mais próximas deles quanto mais comprida for a cauda da roupa. Os grandes abrem passagem e dão encontrões à porfia, para serem vistos mais perto de Júpiter e só aspiram a uma corrente mais pesada balançando no pescoço, para exibirem ao mesmo tempo a opulência e a força física.

LVII – Dignos rivais dos príncipes, eis os Soberanos Pontífices, os cardeais e os bispos. Chegam quase a superá-los. Que um deles, entretanto, reflita, e verá que seu belo roquete, branco como a neve, é o emblema de uma vida sem pechas; que sua mitra com dois cornos, reunidos por um mesmo nó, pressupõe o conhecimento igual e aprofundado do Novo e do Antigo Testamento; que as luvas com que cobre as mãos indicam que deve estar puro de toda mácula para administrar os sacramentos; que o báculo pastoral simboliza a vigilância de seu rebanho; que a cruz carregada à sua frente significa a vitória sobre todas as paixões humanas. Se pensar nessas e em muitas outras coisas, não viverá na tristeza e na ansiedade? Hoje, justo ao contrário, esses pastores nada fazem além de bem comer. Deixam o cuidado do rebanho ao próprio Cristo, aos mencionados frades, ou aos seus vigários. Esquecem que o termo bispo significa trabalho, vigilância, solicitude. Estas qualidades lhes servem para pôr a mão no dinheiro, pois é nessa hora que abrem o olho[465].

LVIII – Da mesma forma, os cardeais deveriam pensar que são os sucessores dos Apóstolos, que lhes impõem continuar seu apostolado, e que não são os donos, mas os dispensadores dos bens espirituais, dos quais logo terão de prestar contas rigorosas. Se meditassem, por pouco que fosse sobre suas vestes e dissessem a si mesmos: "Que significa este roquete, senão a perfeita pureza dos costumes? Esta roupa de púrpura, senão o mais ardente amor a Deus? Este amplo manto de pregas largas[466], que cobre até a égua do reverendíssimo e ainda poderia recobrir um camelo, senão a imensa caridade que se deve estender a todos e socorrer a todas as necessidades: instruir, exortar, consolar, corrigir, advertir, pôr fim às guerras, resistir aos maus príncipes, e sacrificar generosamente pelo rebanho de Cristo não somente as riquezas, mas também o próprio sangue? E qual a necessidade de riquezas para quem tem a função dos pobres Apóstolos[467]? Se os cardeais, repito, refletissem sobre tudo isto, longe de ambicionar a posição que ocupam, largá-la-iam sem pesar e prefeririam levar a vida de trabalho e de devotamento que foi a dos antigos Apóstolos.

LIX – Se os Sumos Pontífices, que estão no lugar de Cristo, se esforçassem por imitá-lo na pobreza, nos trabalhos, na sabedoria, na cruz e no desprezo pela vida, se meditassem sobre o nome de Papa[468], que significa Pai, e sobre o título de Santíssimo que lhes é dado, não seriam os mais infelizes dos homens? Quem emprega todos os recursos para comprar essa dignidade não terá de defendê-la depois pelo ferro, pelo veneno e pela violência? Quantas vantagens perderiam, se a sabedoria, um dia, neles entrasse! E nem sequer a sabedoria, mas um único grão daquele sal de que Cristo falou[469]. Tantas riquezas, honrarias, troféus, ofícios, dispensas, impostos, indulgências, tantos cavalos, éguas, guardas, e tantos prazeres, vede que comércio, que colheita, que oceano de bens os faço possuir em poucas palavras! Cumpriria trocar tudo por vigílias, jejuns, lágrimas, orações, sermões, pelo estudo e pela penitência, mil incômodos importunos. O que seria também, não podemos esquecer, de tantos escriturários, copistas, notários, advogados, promotores, secretários, muleteiros, palafreneiros, mordomos, alcoviteiros, diria mesmo uma palavra mais forte (mas não ofendamos os ouvidos)? Essa imensa multidão, que está a cargo da Cúria romana, minto, que tem cargos junto à Cúria romana, seria reduzida à miséria. Logo, seria desumano, abominável e infinitamente detestável que os grandes chefes da Igreja, verdadeiros luminares do mundo, fossem levados de volta ao bordão e ao alforje.

Hoje, eles abandonam a parte laboriosa de sua função quase totalmente a São Pedro e a São Paulo, que têm tempo sobrando e guardam para si a parte da representação e dos entretenimentos. Graças a mim, por conseguinte, não existem homens que vivam mais deliciosamente. Ninguém tem menos preocupações, uma vez que julgam dar o bastante a Cristo, por se mostrarem em sua pompa ritual e quase teatral, revestidos dos títulos de Beatíssimo, Reverendíssimo e Santidade, e por bancarem os bispos nas cerimônias, benzendo e anatematizando. Fazer milagres é um velho costume antiquado, que já não é de nosso tempo; ensinar os povos é cansativo; a interpretação da Santa Escritura compete às escolas; rezar é inútil; derramar lágrimas é para os desgraçados e para as mulheres; viver pobremente desperta o desprezo; sofrer derrota é uma vergonha indigna de quem mal admite aos maiores reis beijar-lhe os pés; morrer, enfim, é muito duro, e, na cruz, seria infamante.

As únicas armas que lhes restam são as doces bênçãos, de que fala São Paulo[470], e que têm muita inclinação em prodigalizar, distribuindo interditos, suspensões, agravamentos[471], anátemas, pinturas vingadoras[472], e este terrível raio que lhes faz, com um único gesto, precipitar as almas abaixo mesmo do Tártaro. Estes santíssimos padres em Cristo, estes vigários de Cristo, castigam com mais força do que nunca aqueles que, por inspiração do diabo, tentam diminuir ou minar os patrimônios de São Pedro. Embora este apóstolo tenha dito no Evangelho[473]: “Largamos tudo para vos seguir”, eles lhe instituem como patrimônio terras, cidades, tributos, pedágios, todo um reino. Para conservar tudo isso, inflamados pelo amor de Cristo, combatem a ferro e fogo, e fazem escorrer enxurradas de sangue cristão. Crêem defender como apóstolos a Igreja, esposa de Cristo, quando esmagam os que chamam de seus inimigos. Como se os mais perniciosos inimigos da Igreja não fossem os pontífices ímpios, que com seu silêncio fazem Cristo ser esquecido, que o envolvem nas leis do comércio, desnaturam seu ensinamento com interpretações forçadas e o assassinam com sua conduta escandalosa!

Tendo a Igreja cristã sido fundada pelo sangue, confirmada pelo sangue, aumentada pelo sangue, eles continuam a derramá-lo, como se Cristo não soubesse defender os seus à sua maneira. A guerra é coisa tão feroz que é feita para os animais e não para os homens; é uma demência enviada pelas Fúrias, segundo a ficção dos poetas[474], uma peste que destrói os costumes por onde quer que passe, uma injustiça, já que os piores bandidos são habitualmente os melhores guerreiros, uma impiedade que nada tem em comum com Cristo. Os Papas, entretanto, negligenciam tudo para dela fazer sua ocupação principal. Vemos, entre eles, velhos decrépitos[475] a ela levarem o ardor da juventude, jogarem dinheiro fora, enfrentarem o cansaço, não recuarem diante de nada para deixarem sem pé nem cabeça as leis, a religião, a paz, a humanidade inteira. Encontrarão em seguida mais de um douto adulador para enfeitar esta evidente aberração com o nome de zelo, de piedade, de coragem, para demonstrar com argumentações como se pode desembainhar um ferro mortífero e mergulhá-lo nas entranhas de seu irmão, sem faltar nem um pouco com essa caridade perfeita que Cristo exige do cristão para com seu próximo.

LX – Eles deram ou seguiram o exemplo de certos bispos da Alemanha? Estes, abandonando o culto, as bênçãos e as cerimônias, se comportam abertamente como sátrapas, e achariam indigno do episcopado entregar a Deus, em outro lugar que não um campo de batalha, sua alma guerreira. A maioria dos padres, por medo de não igualarem em santidade os seus prelados, combatem como verdadeiros soldados na defesa de seus dízimos: espadas, lanças, fundas, toda espécie de armas lhes convêm. Como são peritos em descobrir nos velhos pergaminhos o texto que lhes permitirá intimidar o populacho e fazê-lo crer que lhes deve o dízimo e mais ainda! Quanto a seus deveres para com este mesmo povo, eles estão escritos em todo canto, mas se esquecem de lê-los. A tonsura não os faz pensar que o padre deve estar livre de todas as paixões mundanas e apegar-se apenas às coisas celestes. Pelo contrário, essa gente amiga do prazer julga-se em paz com a consciência assim que engrolou suas orações. E como um Deus poderia ouvi-los ou compreendê-los, já que nem eles, no mais das vezes, não se ouvem nem se compreendem, mesmo se gritam muito alto!

Têm em comum com os leigos o fato de serem igualmente gananciosos na coleta do dinheiro e hábeis em impor o reconhecimento de seus direitos. Se há uma função penosa, atiram-na prudentemente nos ombros de outrem, e passam-na uns para os outros. Muitos se parecem com os príncipes leigos, que delegam os cuidados do governo a ministros, os quais repassam a delegação a subalternos; decerto é por modéstia que os padres deixam aos fiéis todas as obras piedosas. O fiel as remete àqueles a quem chama de eclesiásticos, como se ele mesmo se pusesse fora da Igreja, como se os votos do batismo não tivessem passado de uma vã cerimônia. Muitos padres, por sua vez, fazem-se chamar de seculares, parecendo assim dedicar-se ao século e não a Cristo; transferem, pois, seus encargos aos regulares; estes, aos monges; os monges não-reformados, aos de estrita observância; todos juntos, aos Mendicantes; e os Mendicantes, aos Cartuxos[476], os únicos em que a piedade se esconde, e se esconde mesmo tão bem, que não é possível enxergá-la. Semelhantemente, os papas, tão diligentes ceifeiros de dinheiro, remetem os trabalhos apostólicos aos bispos; estes, aos curas; estes, aos vigários; os vigários, aos frades mendicantes, e estes últimos livram-se deles com aqueles que sabem tosquiar a lã dos cordeiros.

Mas não é de meu propósito examinar a vida dos papas e dos padres; eu pareceria compor uma sátira ao invés de meu próprio elogio, e poderiam acreditar que ao louvar os maus príncipes eu tivesse a intenção de censurar os bons. O pouco que disse de cada estado demonstra somente que nenhum homem pode viver feliz se não for iniciado em meus ritos e agraciado com meus favores.

LXI – Poderia ser diferente, já que a deusa Ramnunte[477], árbitra da felicidade e da infelicidade, sempre combateu como eu os sábios e prodigalizou os bens aos loucos, mesmo adormecidos? Conheceis aquele Timóteo a quem se aplicavam tão bem seu nome e o provérbio: "Ele fez sua pesca dormindo"[478], e este outro ainda: "O mocho de Minerva voa em meu lugar."[479] Dizem, ao contrário, dos sábios: "Eles nasceram no quarto dia da lua"[480] ou ainda: "Eles montam o cavalo de Sejano"[481], e "possuem o ouro de Toulouse"[482]. Mas paro aqui de multiplicar os adágios; estaria com jeito de plagiar a antologia feita por meu amigo Erasmo[483].

Digamos a coisa como ela é; a Fortuna gosta das pessoas irrefletidas, das temerárias, daquelas que dizem habitualmente: "A sorte está lançada!"[484] A Sabedoria torna tímidas as pessoas; destarte, encontrareis em toda parte sábios na pobreza, na fome e na miséria; vivem esquecidos, sem glória e sem simpatia. Os loucos, ao contrário, nadam em dinheiro, tomam o leme do Estado e, em pouco tempo, são florescentes em todos os pontos. Se fazeis a felicidade consistir em agradar aos príncipes[485] e em figurar entre os cortesãos, minhas divindades cobertas de pedrarias, o que há de mais inútil que a Sabedoria, mais desacreditado entre aquela gente? Se são riquezas que quereis adquirir, qual será o ganho do negociante inspirado pela Sabedoria? Ele recuará diante de um perjúrio; enrubescerá se for pego mentindo; será um tanto atormentado, na fraude e na usura, pelos escrúpulos dos sábios. Se ambicionais as dignidades e os bens eclesiásticos, asnos ou bois chegarão a eles mais cedo que um sábio; se procurais o prazer amoroso, a mulher jovem, parte importante no caso, ficará de todo seu coração com o louco e se afastará do sábio com o mesmo horror que de um escorpião. Enfim, quem quiser desfrutar agradavelmente a vida deve, mais do que tudo, fugir do sábio e preferir conviver com o primeiro animal que aparecer. Em suma, de qualquer lado que se olhe, pontífices, príncipes, juízes, magistrados, amigos, inimigos, grandes e pequenos, todos não procuram senão o dinheiro vivo; como o sábio despreza o dinheiro, tem-se o cuidado de evitar sua companhia.

Conquanto meu elogio seja inesgotável, é preciso, entretanto, que o discurso tenha um fim. Vou, portanto, deter-me, mas não sem vos mostrar, brevemente, como grandes autores me ilustraram através de seus escritos e de seus atos; depois disso, não dirão que sou a única a admirar-me e os rábulas não me reprovarão por falta de textos a meu favor. Como eles, citarei a torto e a direito.

LXII – Existe uma máxima universalmente acatada: "O que não tens, finge ter"; donde se tira, para as crianças, o verso que aí vai: "A maior sabedoria é parecer louco."[486] Daí já concluís que grande bem é a Loucura, já que sua sombra enganadora e sua mera imitação bastam para merecer estes doutos elogios. Com mais franqueza ainda se exprime este gordo e luzidio companheiro do rebanho de Epicuro[487] (Horácio), quando vos recomenda misturar loucura em vossos desígnios[488], embora ele esteja errado em querê-la passageira. Ele diz em outro lugar: "É bom enlouquecer oportunamente"[489], e, em outro lugar ainda, prefere parecer louco e ignorante a ser sábio e encolerizar-se[490]. Homero, que cobre Telêmaco de louvores, chama-o muitas vezes de louca criança[491], e os poemas trágicos costumam aplicar o feliz epíteto às crianças e aos adolescentes. O que conta o poema sagrado da *Ilíada* senão as loucas ações de reis e de povos? "O mundo está repleto de loucos", diz Cícero[492], e estas palavras completam meu elogio, já que o bem mais difundido é o mais perfeito.

LXIII – Tamanhas autoridades têm pouco peso junto aos cristãos? Apoiarei então meu elogio, fundamentá-lo-ei, como dizem os doutos, no testemunho das Santas Escrituras. Que os teólogos mo perdoem, a tarefa é difícil, e seria o caso de chamar novamente as Musas do Helicão[493]; mas que grande viagem por um assunto que não lhes diz muito respeito! Ser-me-ia mais conveniente, por certo, já que me arvoro em teóloga e me aventuro entre estes espinhos, invocar em meu auxílio, do fundo de sua Sorbonne[494], a alma de Scot[495]. Mais espinhosa que o porco-espinho e o ouriço ela irá embora, em seguida, para onde quiser, "entre os corvos", se lhe aprouver. Por que não posso eu também mudar de aspecto e paramentar-me com o hábito teológico? Mas receio que me acusem de furto e de pilhagem clandestina nos escrínios de nossos doutores, quando me virem tão forte em teologia. Contudo, não é de se espantar que, andando há tanto tempo em sua íntima companhia, eu tenha apanhado algo de seu saber: Príapo, deus da figueira[496], observou bem e decorou algumas palavras gregas daquilo que seu mestre lia à sua frente; e o galo de Luciano, de tanto conviver com os homens, não aprendeu a linguagem humana? Comecemos, pois, sob bons auspícios.

"O número dos loucos é infinito", escreve o Eclesiastes, no capítulo primeiro[497]. Este termo parece abarcar todos os homens, salvo alguns que quase não são percebidos. Jeremias é ainda mais explícito, no capítulo X: "Todo homem torna-se louco por sua própria sabedoria."[498] Apenas Deus é sábio, segundo ele[499], sendo a humanidade inteira louca. Diz um pouco mais acima[500]: "Que o homem não se glorifique por sua sabedoria!" Por que tu lho proíbes, valoroso Jeremias? Simplesmente, responderá ele, porque o homem não tem sabedoria. Mas voltemos ao Eclesiastes: "Vaidade das vaidades, exclama, tudo é vaidade!"[501] Que pretende ele aqui, senão que a vida humana, como já disse, não passa de um folguedo da Loucura? É uma pedrinha branca[502] que ele acrescenta para mim à magnífica louvação ciceroniana já citada[503]: "O mundo está repleto de loucos." Que significam também estas palavras do douto Eclesiástico: "O louco muda como a lua, o sábio permanece como o sol?"[504] Simplesmente que o gênero humano é louco e que Deus, imutável, é o único a ter o atributo da Sabedoria; pois a natureza humana é representada pela lua e Deus pelo sol, fonte de toda luz. O próprio Cristo, no Evangelho[505], acrescenta que apenas Deus deve ser chamado bom: se sabedoria e bondade, como pretendem os estóicos, são termos idênticos, e se quem não é sábio é louco, tudo o que é mortal depende necessariamente da Loucura.

Salomão também diz no capítulo XV[506]: "A própria loucura faz a alegria do insensato", reconhecendo manifestamente que, sem loucura, a vida não tem nenhum encanto. A mesma idéia aparece nesta passagem[507]: "Quem contribui para a ciência contribui para a dor; quanto mais conhecemos, mais nos irritamos." O excelente argumentador não expressou um pensamento semelhante no capítulo VII[508]: "O coração dos sábios está onde está a tristeza; o coração dos insensatos, onde está a alegria." É por isso que não lhe bastou aprofundar a Sabedoria, também quis conhecer-me. Se disso duvidais, eis suas próprias palavras no capítulo primeiro[509]: "Apliquei meu coração ao conhecimento da Sabedoria e da Ciência, dos erros e da Loucura." Observai aí, em louvor da Loucura, que ele a nomeia em último lugar. Sabeis que a ordem usual na Igreja é que o primeiro em dignidade apareça em último lugar nas cerimônias, o que é conforme ao preceito evangélico[510]. Mas que a Loucura tenha mais mérito que a Sabedoria, aí está o que o livro do Eclesiástico, quem quer que seja seu autor, atesta claramente no capítulo XLIV[511]. Esperarei apenas, para fazer minha citação, que vós ajudeis minha memória indutiva respondendo às perguntas que vos farei, à maneira de Sócrates nos diálogos de Platão.

Que objetos devemos fechar à chave? Os que são preciosos ou os que não são raros, nem têm valor? Ficais calados. Se não tendes opinião, este provérbio responderá por vós. "A bilha fica à porta", e, para fazer com que o aceitem, cito quem o relata: é Aristóteles[512], o deus de nossos doutores. Existe alguém entre vós tão insensato que deixe na rua as jóias e o ouro? Ninguém, sem dúvida. Vós os ocultais no local mais secreto da casa, nos cantos mais retirados e nos escrínios mais bem aferrolhados; deixais na via pública o lixo. Ora, se o que se tem de mais precioso é deixado oculto, e o que se tem de mais vil abandonado às claras, a Sabedoria, que todos recusam ocultar, não é com toda evidência menos preciosa que a Loucura, que recomendam dissimular? Aí está agora o depoimento que eu invocava: "É melhor o homem que encobre sua loucura do que aquele que encobre sua sabedoria."[513]

As Sagradas Escrituras reconhecem no louco a qualidade da modéstia, ao contrário do sábio que se julga acima de todos. É assim que entendo o Eclesiastes, no capítulo X: "Mas o louco que vai pelo seu caminho, sendo insensato, crê que todos os outros são loucos como ele." Não é, realmente, uma belíssima modéstia igualar todos a si mesmo e, enquanto cada qual se coloca vaidosamente acima dos outros, partilhar seus méritos com todos? O grande rei Salomão não corou com o título, quando diz, no capítulo XXX[514]: "Sou o mais louco dos homens." E São Paulo, o doutor das nações, reivindica-o deliberadamente na Epístola aos Coríntios[515]: "Falo como louco, diz ele, sendo-o mais que ninguém", como se fosse humilhante ser ultrapassado em loucura.

Ouço aqui protestarem em altos brados certos pequenos helenistas, que se esforçam por deitar poeira nos olhos das gralhas[516], isto é, dos teólogos destes tempos, e que publicam seus comentários para deslumbrar as pessoas. (O bando tem como segundo chefe, se não o primeiro[517], meu amigo Erasmo, que gosto de mencionar amiúde para glorificá-lo.) Citação verdadeiramente louca, clamam eles, e bem digna dessa Moria! O pensamento do Apóstolo está muito longe dessa fantasia; suas palavras de modo algum significam que ele se diz mais louco que os outros; mas após haver escrito: "Eles são ministros de Cristo, eu o sou também", corrige-se precisando: "Eu o sou até mais." Ele sente, de fato, que, dedicado como eles ao ministério do Evangelho, é-lhes de algum modo superior. Para se fazer reconhecer como tal, sem ofender por uma palavra de orgulho, cobre-se com o manto da loucura; diz-se louco porque só os loucos têm o privilégio de dizer a verdade que não ofende.

Deixo à discussão o sentido que Paulo deu a esta passagem. Há grandes teólogos, gordos e fortes, e imbuídos de autoridade, os únicos que quero seguir; assim faz a maioria dos sábios, que preferem errar com eles do que acertar com aqueles que conhecem as três línguas[518]. Os pequenos helenistas não são levados mais a sério que os pássaros. De resto, um glorioso teólogo, cujo nome calo por prudência (nossos helenistas lançar-lhe-iam imediatamente o brocardo grego do asno tocando a lira[519]), comentou a passagem em questão, magistral e teologicamente. Desta frase: "Falo como um louco, sendo-o mais que ninguém", ele tira um capítulo inesperado, que exigiu uma dialética consumada, e divide sua interpretação de uma maneira igualmente nova. Cito-o textualmente, forma e substância: "Falo como louco, isto é, se vos pareço disparatar ao igualar-me aos falsos apóstolos, não vos parecerei mais sábio ao preferir-me a eles." Depois ele esquece seu assunto e passa a outro.

LXIV – Mas por que me cansar apenas neste texto? Todos sabem que os teólogos se arrogam o direito ao céu, isto é, à interpretação das Sagradas Escrituras, que são como uma pele que esticam à vontade. Nelas vêem contradições com São Paulo, que na realidade não existem. Se há que se acreditar em São Jerônimo, o homem das cinco línguas[520], São Paulo vira, por acaso, em Atenas, a inscrição de um altar que ele modificou em proveito da fé cristã. Omitindo as palavras que podiam atrapalhar sua causa, delas guardou apenas as duas últimas: "Ao Deus desconhecido"[521]; se bem que as mudasse um pouco, pois a inscrição completa trazia: "Aos Deuses da Ásia, da Europa e da África, aos Deuses desconhecidos e estrangeiros." Seguindo este exemplo, creio eu, a família teológica separa de um contexto, aqui e ali, algumas palavrinhas cujo sentimento altera para acomodá-las a seus argumentos. Pouco lhes importa que não haja relação alguma com o que antecede e o que se segue, ou mesmo que haja contradição. O impudente procedimento resulta em tanto sucesso para os teólogos que muitas vezes despertam a inveja dos jurisconsultos.

Que é que não lhes é permitido, quando se vê esse grande... (ia soltar o nome, mas evito novamente o brocardo sobre a lira)[522] extrair de São Lucas[523] uma passagem que se concilia com o espírito de Cristo como a água com o fogo? Sob ameaça do perigo supremo, no momento em que seguidores fiéis se agrupam em torno de seu chefe para combater ao seu lado com todas as forças, Cristo quis tirar do espírito dos seus a confiança nos auxílios humanos; perguntou-lhes se lhes havia faltado algo desde que os enviara a pregar, se bem que eles haviam ido sem recursos de viático, sem calçados para se protegerem dos espinhos e dos pedregulhos, sem alforje recheado contra a fome. Respondendo os discípulos que nada lhes faltara, disse-lhes: "Agora, aquele que tem uma bolsa ou um alforje que os largue, e aquele que não tem uma espada, venda a túnica e a compre!" Como todo o ensinamento de Cristo é apenas mansidão, paciência, desprezo pela vida, quem não entende o sentido de seu preceito? Ele quer despojar mais ainda aqueles que envia, de sorte que eles não se desfaçam apenas do calçado e do alforje, mas também da túnica, a fim de iniciarem nus, e despojados de tudo, a missão do Evangelho; têm de se munir apenas da espada, não a que serve aos ladrões e aos parricidas, mas a espada do espírito, que penetra no mais íntimo da consciência e nela corta de um só golpe todas as más paixões, só deixando a piedade no coração.

Ora, vedes como o célebre teólogo tortura esta passagem. A espada, para ele, significa a defesa contra toda perseguição, e o alforje, uma provisão de víveres bem farta, como se Cristo, tendo mudado completamente de opinião, lamentasse ter posto seus enviados a caminho com um aparato bem pouco real e cantasse a palinódia de suas instruções anteriores! Logo, teria esquecido que lhes garantira a beatitude à custa de afrontas[524], de ultrajes e de suplícios, que lhes proibira resistir aos maus, porque a beatitude pertence aos mansos, não aos violentos, pois lhes dera por modelos os lírios e os passarinhos[525]! Opunha-se agora a deixá-los partir sem espada, recomendava-lhes vender, se necessário, a túnica, para adquirir uma, e antes irem nus que desarmados. Por esse nome de espada, nosso teólogo entende tudo o que pode repelir um ataque, como pelo nome de alforje, tudo o que concerne às necessidades da vida. Assim, esse intérprete do pensamento divino nos mostra apóstolos munidos de lanças, balistas, fundas e bombardas, para irem pregar o Crucificado; e, do mesmo modo, cumula-os de bolsas, sacolas e bagagens, para que jamais deixem a pousada sem terem comido bem. Ele não se perturba em ouvir, pouco depois, o Mestre ordenar, com um tom de adjuração, que recoloquem a espada na bainha[526] que teria vivamente recomendado comprar. Contudo, nunca se ouviu dizer que os Apóstolos se tivessem servido de espadas e escudos contra a violência dos pagãos, o que com certeza teriam feito se o pensamento de Cristo tivesse sido o que lhe atribuem.

Um outro, que não é dos menores e cujo nome não digo por respeito[527], confundiu a pele de São Bartolomeu esfolado[528] com as tendas de que Hababuc[529] disse: "As peles da terra de Madiã serão rompidas." Assisti outro dia, o que me acontece freqüentemente, a uma controvérsia de teologia. Alguém queria saber qual texto das Sagradas Escrituras ordenava queimar os hereges ao invés de convencê-los pela discussão. Um velho de semblante severo, que a sobrancelha revelava ser teólogo, respondeu com veemência que essa lei vinha do apóstolo Paulo[530], quando dissera: "Evita (*devita*) o herege, após tê-lo corrigido uma ou duas vezes." Repetiu e fez ressoar estas palavras; todos se espantaram; perguntavam-se se havia perdido a cabeça. Ele acabou por se explicar: "Cumpre suprimir a vida do herege", traduziu ele, tomando *de vita* por *devita*. Alguns ouvintes riram; outros consideraram esse comentário profundamente teológico. E, enquanto reclamavam, surgiu, como se diz, um advogado de Ténedos[531] e, com autoridade irrefutável, disse: "Escutai bem. Está escrito[532]: Não deixai viver o malfeitor (*maleficus*). Ora, o herege é malfeitor. Logo etc." Foi como se fosse uma só voz para louvar o engenhoso silogismo, e toda a assembléia sapateou com seus pesados calçados. Não veio à cabeça de ninguém que esta lei é contra os feiticeiros, tiradores de sorte e mágicos, que os hebreus chamam por um nome que se traduz *maleficus*. De outro modo, a sentença de morte se aplicaria igualmente à fornicação e à embriaguez.

LXV – Mas seria insensato prosseguir; este vasto assunto não caberia sequer nos volumes de Crisipo[533] e de Dídimo[534]. Queria somente, mostrando-vos o que se permitem os divinos doutores, obter vossa indulgência para uma teóloga de tronco de figueira[535], quando ela vos apresenta citações um tanto arriscadas.

Voltemos a São Paulo. "Tolerais de boa vontade os loucos", diz de si mesmo[536], e mais adiante: "Aceitai-me como a um louco"; depois[537]: "Não o digo segundo Deus, mas como se eu fosse louco"; e ainda[538]: "Somos loucos por Cristo." Quantos elogios à Loucura, e em que boca! Vai mais longe[539] e a prescreve como indispensável à salvação: "Que aquele dentre vós que parece sábio se torne louco para ser sábio!" Em São Lucas[540], Jesus não chama de loucos os dois discípulos que encontrou no caminho de Emaús? E pode isso nos surpreender, já que nosso São Paulo[541] atribui ao próprio Deus um grão de loucura? "A loucura de Deus, diz ele, é mais sábia que a sabedoria dos homens." Orígenes[542] explica, é verdade, que esta loucura não poderia ser medida pela inteligência humana, o que está de acordo com isto: "A palavra de Cristo é loucura para os homens que passam."[543]

Mas por que me cansar com tantos depoimentos? Cristo, nos salmos sagrados[544], diz ao Pai: "Vós conheceis minha loucura." Aliás, não é sem razão que os loucos sempre foram caros a Deus, e eis por quê. Os príncipes desconfiam dos homens muito sensatos e deles têm horror, como tinha, por exemplo, César para com Bruto e Cássio, enquanto nada temia de Antonio, o ébrio[545]. Sêneca era suspeito a Nero[546], Platão a Dionísio[547], os tiranos só gostam dos espíritos grosseiros e pouco perspicazes. Assim também Cristo detesta e não pára de reprovar esses sábios que só confiam em suas próprias luzes. São Paulo[548] afirma-o sem rodeios: "Deus escolheu o que, para o mundo, é loucura", e ainda[549]: "Deus quis salvar o mundo através da Loucura", já que não podia restabelecer a Sabedoria. O próprio Deus expressa-o bem pela boca do profeta[550]: "Eu confundirei a sabedoria do sábio e condenarei a prudência dos prudentes." Chega até a se felicitar[551] por ter ocultado aos sábios o mistério da salvação e por tê-lo revelado apenas aos pequeninos, ou seja, aos loucos; pois, em grego, para indicar os pequeninos, é a palavra "néscio" que se opõe à palavra "sábio". Acrescentemos todas as passagens do Evangelho em que Cristo persegue sem descanso os fariseus, os escribas e os doutores da Lei, tutelando o povo ignaro. Que significam suas palavras: "Ai de vós, escribas e fariseus!"[552] senão: "Sábios, ai de vós!"

Sua companhia predileta é a das criancinhas, das mulheres e dos pescadores. Mesmo entre os animais, ele prefere os que mais se afastam da prudência da raposa. Destarte, escolhe o burro[553] para montaria, quando poderia, se quisesse, caminhar sobre o dorso de um leão! O Espírito Santo desceu sob a forma de uma pomba[554], não de uma águia ou de um falcão. A Sagrada Escritura menciona freqüentemente cervos, gamos e cordeiros. E notai que Cristo chama de suas ovelhas[555] aqueles dos seus que destina à vida eterna. Ora, nenhum animal é mais tolo; Aristóteles assegura[556] que o provérbio "cabeça de ovelha"[557], tirado da estupidez deste animal, se aplica como uma injúria a todas as pessoas ineptas e limitadas. Assim é o rebanho de que Cristo se declara o pastor. Agrada-lhe fazer com que o chamem de cordeiro. É assim que o designa São João[558]: "Eis o cordeiro de Deus!" e esta é a expressão mais freqüente do Apocalipse[559].

Que significa tudo isto, senão que a loucura existe em todos os mortais, mesmo na piedade? O próprio Cristo, para socorrer esta loucura, conquanto participasse da sabedoria do Pai[560], consentiu em dela aceitar sua parte, no dia em que revestiu a natureza humana e "se mostrou sob o aspecto de um homem"[561], ou quando se fez pecado para remir os pecados[562]. Não quis remi-los senão pela loucura da Cruz[563], com a ajuda de apóstolos ignorantes e grosseiros; recomenda-lhes com desvelo a Loucura, afastando-os da Sabedoria, porquanto lhes propõe o exemplo das crianças[564], dos lírios[565], da semente de mostarda do campo[566] e dos passarinhos[567], tudo o que é ininteligente e sem tino, tudo o que vive sem artifício nem preocupação e tem a Natureza por único guia.

Advertiu-os de não se inquietarem, se tivessem de discorrer diante dos tribunais[568]; proibiu-lhes que se preocupassem com os tempos e os momentos[569], e até que confiassem na própria prudência, para dependerem somente dele.

Eis por que Deus, quando criou o mundo, proibiu provar o fruto da árvore da Ciência[570], como se a Ciência fosse o veneno da felicidade. São Paulo repele-a abertamente[571] como perniciosa e alimentadora do orgulho; e São Bernardo o segue, por certo, quando, tendo de designar a montanha onde habita Lúcifer, chama-a: Montanha da Ciência[572].

Aí está decerto uma prova que não se deve esquecer. A Loucura é benquista no Céu, já que só ela obtém a remissão dos pecados, enquanto o sábio não é perdoado. É por isso que os que pedem misericórdia, mesmo tendo pecado conscientemente, invocam o pretexto e o patrocínio da Loucura. Como Aarão, se é exata minha lembrança, implora, no Livro dos Números[573], o perdão de sua mulher: "Suplico-vos Senhor, não nos imputeis este pecado que cometemos por loucura." É assim que Saul desculpa sua falta junto a Davi dizendo: "Parece que procedi como um louco."[574] E Davi, por sua vez, pede ao Senhor: "Rogo-vos, Senhor, de eximir vosso servidor de sua iniqüidade, porque agi loucamente."[575] É que ele só podia pedir perdão invocando a loucura e o desvario. Mas eis aqui o que é mais decisivo; é a prece que Cristo faz na cruz por seus inimigos: "Pai, perdoai-lhes!" A única desculpa que invoca para eles é a inconsciência: "porque não sabem o que fazem."[576] Paralelamente, São Paulo escreve a Timóteo[577]: "Se obtive a misericórdia de Deus, foi porque agi por ignorância em minha credulidade."

Que quer dizer "por ignorância"? Que pecou por loucura, não por malícia. Que significa: "Se obtive a misericórdia", senão que não a teria obtido, se não se tivesse valido da Loucura? Também é dos nossos o místico autor dos Salmos[578] que esqueci de citar em seu lugar: "Esquecei as faltas de minha juventude e minhas ignorâncias." Vós ouvistes sua dupla desculpa: sua idade, da qual sou sempre a companheira, e as ignorâncias, cujo número imenso mostra toda a força de sua loucura.

LXVI – Para não divagar no infinito e para abreviar, a religião cristã parece ter real parentesco com certa Loucura e muito pouca relação com a Sabedoria. Desejai provas? Observai primeiramente que as crianças, os velhos, as mulheres e os simples de espírito sentem mais prazer que os outros nas cerimônias e nas coisas religiosas e que, levados apenas pelo impulso da Natureza, querem sempre estar perto dos altares. Vede ainda que os primeiros fundadores da religião, apegados a uma simplicidade maravilhosa, foram ferrenhos inimigos das letras. Enfim, os loucos mais extravagantes não são os que foram inteiramente tomados pelo ardor da piedade cristã? Prodigalizam seus bens, não se importam com as injúrias, toleram o logro, não fazem distinção alguma entre amigos e inimigos, têm horror ao prazer, saciam-se com jejuns, vigílias, lágrimas, labutas e humilhações; sentem aversão pela vida e impaciência pela morte; numa palavra, parecem carentes de todo sentimento humano, como se seu espírito vivesse em outro lugar e não em seu corpo. Que são eles, pois, senão loucos? E como surpreender-nos que os Apóstolos parecessem ébrios de vinho doce[579], e que o juiz Festo tomasse São Paulo por um insensato[580]?

Entretanto, já que de uma vez por todas vesti a pele do leão[581], ensinar-vos-ei ainda isto: a felicidade procurada pelos cristãos, à custa de tantas provações, não passa de certa espécie de demência e loucura. Não receeis as palavras, preferi pesar a realidade. Antes de mais nada, os cristãos têm uma doutrina comum com os platônicos[582]: é que o espírito, envolvido e garroteado pelos laços do corpo, e tornado pesado pela matéria, quase não pode contemplar a verdade tal como é, nem desfrutá-la; por isso, define-se a filosofia como uma meditação sobre a morte, porque ela liberta a alma das coisas visíveis e corporais, o que também é obra da morte. Eis por que, por todo o tempo que a alma utiliza normalmente os órgãos do corpo, é considerada sã; mas quando, rompendo seus laços, ela se esforça por libertar-se e pensa em fugir de sua prisão, chamam a isso loucura. Se o esforço coincide com uma doença ou um defeito orgânico, já não há nenhuma hesitação. No entanto, vemos homens assim predizerem o futuro, conhecerem línguas e literaturas que antes nunca haviam aprendido, e manifestarem em si algo de divino. Não há dúvida que a sua alma, purificada em parte do contato do corpo, começa a desenvolver sua energia nativa. Creio que a mesma causa atua nos moribundos, que revelam faculdades semelhantes e às vezes falam como profetas inspirados[583].

Se o ardor religioso provoca tais efeitos, talvez não se trate da mesma loucura que a nossa, mas se aproxima de tal modo que quase todos a confundem, sobretudo porque é diminuto o número desses pobres homens que, por seu gênero de vida, se mantêm inteiramente à margem do gênero humano.

Lembro-me aqui da ficção platônica[584] dos prisioneiros encerrados dentro da caverna, de onde só enxergam as sombras dos objetos. Um deles, que fugiu, volta ao antro, conta-lhes que viu os objetos reais, e demonstra por que grave erro eles crêem que não existe nada além daquelas miseráveis sombras. Tendo-se tornado sábio, sente pena de seus companheiros e deplora a loucura que os retém em tamanha ilusão; mas eles, por sua vez, riem-se de seu delírio e o expulsam. Dá-se o mesmo com a maioria dos homens. Apegam-se estreitamente às coisas corporais e acreditam que elas são praticamente as únicas que existem. Os devotos, ao contrário, desprezam tudo o que se relaciona ao corpo e são inteiramente arrebatados pela contemplação das coisas invisíveis. Os primeiros ocupam-se, antes de tudo, com riquezas, em seguida com as comodidades do corpo e em último lugar com a alma, na qual, aliás, a maior parte não acredita, porque os olhos não a enxergam. Inversamente, os outros tendem todos seus esforços a Deus, o mais simples de todos os seres, depois ao objeto que dele mais se aproxima, isto é, a alma; não se preocupam com o corpo, desprezam o dinheiro e dele fogem como de uma doença. Se são obrigados a ocupar-se dessas coisas, fazem-no a contragosto e com repugnância; têm-nas como se não as tivessem; possuem-nas sem as possuir[585].

Constatamos também graus e diferenças. Embora todos os nossos sentidos estejam em ligação com o corpo, alguns são mais materiais, como o tato, a audição, a vista, o olfato, o paladar. Outros dependem menos do corpo, como a memória, o intelecto, a vontade. É onde se manifesta que a alma é poderosa[586]. Os piedosos, estando dirigidos com toda a força de sua alma para os objetos mais alheios aos sentidos grosseiros, chegam a embotá-los e a anulá-los, enquanto o vulgo se serve muito bem deles e não usa muito o resto. Não ouvimos dizer que alguns santos puderam beber azeite por vinho[587]? Ademais, entre as paixões da alma, algumas dependem mais estreitamente da grosseria do corpo, como o apetite carnal, a necessidade de alimentos e do sono, a cólera, o orgulho, a inveja. A piedade combate-as energicamente, ao passo que o vulgo não conseguiria viver sem elas.

Existem também paixões medianas e como que naturais, tais como o amor à pátria, a ternura pelos filhos, parentes e amigos. A maioria dos homens se deixa levar por elas; mas as pessoas piedosas esforçam-se por desenraizá-las do coração, ou então para elevá-las até o cume da alma. Amam o pai, não enquanto pai, pois ele gerou-lhes apenas o corpo, que ainda assim lhes vem do Pai divino, mas por ser ele um homem de bem em quem brilha, a seus olhos, a imagem desta suprema inteligência que lhes chama ao bem soberano, e fora da qual nada vêem para amar e desejar. É de acordo com esta regra que medem todos os deveres da vida. Se não devemos desprezar sempre as coisas visíveis, devemos pelo menos considerá-las como infinitamente inferiores às coisas invisíveis. Dizem ainda que, nos próprios sacramentos e nos exercícios piedosos, se encontra a distinção entre o corpo e o espírito. No jejum, por exemplo, atribuem pouco mérito à abstinência de carne e de uma refeição, o que para o vulgo constitui o essencial do jejum. Querem que ao mesmo tempo as paixões sejam suprimidas, a violência e o orgulho sejam refreados, de tal modo que, estando menos sobrecarregado pelo peso do corpo, o espírito consiga provar e possuir os bens celestes.

Dá-se o mesmo com a missa. Sem desdenhar, dizem eles, o exterior das cerimônias, consideram-no como mediocremente útil, ou até pernicioso, se nele não se mesclar um elemento espiritual que esses sinais visíveis representam. A missa representa a morte de Cristo, que os fiéis devem reproduzir em si mesmos, domando, extinguindo, sepultando, se assim podemos dizer, as paixões do corpo, a fim de renascer numa vida nova e formarem todos juntos um só com Ele. Assim pensa, assim age o homem piedoso. A multidão, ao contrário, só vê no sacrifício da missa o fato de estar presente diante do altar, o mais próximo possível, de ouvir os cânticos e assistir, além disso, a pequenas cerimônias.

Acabei de dar alguns exemplos; mas é no conjunto de sua vida que o homem pio se mantém à parte das coisas materiais, e toma impulso para as da eternidade, espirituais e invisíveis. Existe, pois, um desacordo contínuo entre os espíritos que se causam mutuamente a impressão de insensatos: mas a palavra, em minha opinião, aplica-se com mais exatidão às pessoas piedosas.

LXVII – Achá-lo-eis mais evidente quando vos tiver demonstrado em poucas palavras, como prometi, que a recompensa suprema que esperam nada mais é do que um tipo de loucura. Pensai que Platão teve um sonho semelhante, quando escreveu[588] que o furor dos amantes é de todos o mais feliz. De fato, o amante apaixonado já não vive em si, mas inteirinho no objeto amado; quanto mais sai de si mesmo para se fundir neste objeto, mais se sente feliz. Assim, quando a alma pensa em escapar do corpo e renuncia servir-se normalmente de seus órgãos, julga-se com razão que ela tresvaria. As expressões correntes não querem dizer outra coisa: "Ele está fora de si... Cai em ti... Ele caiu em si." E quanto mais perfeito é o amor, mais forte e delicioso é seu tresvario.

Como será, pois, essa vida no céu, à qual aspiram tão ardentemente as almas piedosas? Estando mais forte e vitorioso, o espírito absorverá o corpo; e isso será tanto mais fácil quanto mais o tiver preparado para esta transformação, purificando-o e extenuando-o durante a vida. Por sua vez, o espírito será absorvido pela suprema Inteligência, cujos poderes são infinitos. Assim estará fora de si mesmo o homem inteiro, e a única razão de sua felicidade será não pertencer mais a si mesmo e estar submetido a esse inefável e soberano bem que tudo atrai a si.

Tamanha felicidade, é verdade, só poderá ser perfeita no momento em que as almas, dotadas de imortalidade, retomarem seu antigo corpo. Mas, como a vida das pessoas piedosas é apenas meditação sobre a eternidade, e como que a sombra desta, acontece-lhes experimentá-la um pouco antecipadamente e respirar-lhe alguns perfumes. É apenas uma gotinha perto da inesgotável fonte da felicidade que não acaba; no entanto, ela é preferível a todas as volúpias da terra, mesmo que suas delícias se fundissem em uma só, de tanto que o espírito prevalece sobre a matéria, e o que não se vê sobre o que se vê! E a promessa do Profeta[589]: "O olho não viu, o ouvido não ouviu, o coração do homem não sentiu o que Deus prepara para aqueles que o amam." Assim é esta loucura que jamais termina, mas que acaba ao passar desta para a outra vida.

Aqueles que tiveram o privilégio tão raro de tais sentimentos experimentam uma espécie de demência; dizem frases incoerentes, estranhas à humanidade; pronunciam palavras desprovidas de sentido; e a todo instante a expressão de seus rostos muda. Ora alegres, ora tristes, riem, choram, suspiram; em suma, estão realmente fora de si. Quando caem em si, não podem dizer onde foram, se estavam em seus corpos, ou fora deles, despertos ou adormecidos. Que ouviram, viram e disseram? Que fizeram? Lembram-se apenas como que através de uma nuvem ou de um sonho; sabem somente que foram felizes durante a loucura. Deploram a volta à razão e sonham apenas em ser loucos para sempre. Mesmo assim, só tiveram uma pequena amostra da felicidade futura!

LXVIII – Mas o tempo passa e eu me esqueço, e "ultrapassei todos os limites"[590]. Se achais em meu discurso muita petulância ou loquacidade, considerai que sou a Loucura e falei como mulher. Lembrai-vos, entretanto, do provérbio grego: "Muitas vezes até um louco raciocina bem"[591], a menos que penseis que este texto exclui as mulheres. Estais esperando, percebo, uma conclusão. Mas sois muito loucos em supor que eu me lembre de minhas intenções, depois desta efusão de palavrório. Aqui está um velho ditado: "Detesto o conviva que se lembra"[592]; e aqui um ditado novo: "Detesto o ouvinte que não esquece."

Portanto, adeus! Aplaudi, prosperai e bebei, ilustres iniciados da Loucura!

# *Carta de Erasmo a Dorpius*

## *Erasmo de Rotterdam*[593] *a Martim Dorpius*[594], *Excelente Teólogo*[595]

## *Saudações*

*Antuérpia, mês de maio de 1515*

I – Tua carta[596] não me foi entregue, mas um amigo mostrou-me em Antuérpia uma cópia que recebera não sei como. Deploras a edição pouco oportuna da *Loucura*, aprovas calorosamente nosso zelo em restaurar o texto de Jerônimo[597], dissuades-me da edição do *Novo Testamento*[598]. Essa tua carta, meu caro Dorpius, está tão longe de ter-me ofendido, que desde então minha estima por ti se tornou muito maior, conquanto sempre te tenha estimado muito, tamanha a sinceridade de teus conselhos, a amizade de teus pareceres e a ternura de tuas repreensões. É característico da caridade cristã, mesmo quando é muito severa, conservar o sabor de sua mansidão nativa. Recebo todos os dias muitas cartas de eruditos, que me chamam a glória da Germânia, me comparam ao sol e à lua, e mais me oprimem do que me ilustram com os mais esplêndidos títulos. Que eu morra, se um dia uma dessas cartas me tenha causado mais prazer do que a carta de reprimenda de meu caro Dorpius! Paulo teve razão em dizer que a caridade não peca[599]: se ela lisonjeia, é que procura ser útil; se se zanga, não é com objetivo diferente.

II – Quisera o céu que me fosse permitido responder demoradamente à tua carta, para não ficar em falta com um amigo como tu! Desejo vivamente que tudo o que faço receba tua aprovação. Dou tanta importância a teu espírito quase celeste, à tua erudição inigualável, a teu julgamento tão eminentemente perspicaz, que o sufrágio único de Dorpius tem para mim mais valor que mil outros. Mas, ainda doente da travessia[600], cansado de ter andado a cavalo, e, ademais, ocupado em arrumar minhas pequenas bagagens, achei preferível responder-te de qualquer maneira, a deixar um amigo com essa opinião, quer a tenhas concebido por ti mesmo, quer outros a tenham insinuado a ti, e te tenham subornado para escrever essa carta, a fim de representarem seu papel sob máscara alheia.

III – Em primeiro lugar, para falar francamente, estou quase arrependido de ter publicado a *Loucura*. Este livrinho não deixou de me proporcionar um pouco de glória, ou se preferires, de renome. Mas eu não gosto muito da glória em que se mescla a inveja. Aliás, grandes Deuses, que é isso tudo a que chamam glória, senão uma palavra absolutamente vazia que nos legou o paganismo? Restou mais de uma expressão deste gênero entre os cristãos, que chamam imortalidade o renome que se deixa à posteridade e virtude o gosto pelas letras, quaisquer que sejam elas. Ao publicar todos os meus livros, meu único objetivo sempre foi o de fazer obra útil com meu trabalho; e, se não o conseguisse, pelo menos não fazer uma obra nociva.

IV – Assim, enquanto vemos mesmo os grandes homens abusarem de sua cultura para dar livre curso a suas paixões, um cantando seus ineptos amores, outro lisonjeando os que querem conquistar, um outro, exposto às injúrias, replicar com golpes de pena, um outro fazer de si mesmo seu flautista e superar, ao exaltar seus próprios pendores, qualquer Trasão[601] ou qualquer Pirgopolinice[602] que seja, eu, a despeito de meu minguado talento e de minha curta ciência, mesmo assim sempre pretendi ser, se pudesse, útil; ou pelo menos não ferir ninguém. Homero aplacou seu ódio contra Tersites com uma cruel hipotipose[603]. Platão, quantas pessoas ele não arranhou citando-as em seus diálogos[604]! Quem poupou Aristóteles, que não poupou Platão nem Sócrates[605]? Demóstenes teve seu Ésquines para arrasar[606], Cícero teve seu Pisão, seu Vatínio, seu Salústio, seu Antonio[607]. Quantos são os que Sêneca escarnece e ataca nominalmente[608]! Se passarmos em revista os modernos, Petrarca contra um médico[609], Lourenço contra Poggio[610], Poliziano contra Scala[611], todos fizeram de sua pena uma arma. Quem, dentre todos que me poderás citar, é moderado o bastante para não ter escrito nada de um pouco amargo contra alguém? O próprio Jerônimo, homem muito piedoso e sábio, às vezes não se refreia e fulmina acremente Vigilâncio[612], insulta desmedidamente Joviniano[613], exalta-se amargamente contra Rufino[614]. Os eruditos sempre tiveram por hábito confiar a suas folhas, como a companheiros fiéis, o que lhes causa pena e prazer, e desabafar em seu seio todos os tumultos do coração. Encontramos mesmo alguns que outra finalidade não tiveram ao escrever seus livros senão a de neles lançarem as emoções que passavam em suas almas, transmitindo-as assim à posteridade.

V – Quanto a mim, em todos os volumes que publiquei, nos quais elogiei, tão sinceramente tantas pessoas, pergunto, de quem denegri a reputação? A quem fiz a mais leve ofensa? Que nação, que categoria, que indivíduo critiquei nominalmente? Contudo, se tu soubesses, caro

Dorpius, quantas vezes estive a ponto de fazê-lo, provocado por ultrajes que ninguém teria julgado toleráveis! Sempre, porém, triunfei sobre meu ressentimento íntimo: sempre levei mais em conta o julgamento que a posteridade faria de nós que o tratamento que a maldade daquela gente mereceria. Se os outros tivessem visto seus limites tão bem quanto eu, não me teriam achado mordaz, mas justo e até mesmo comedido e moderado.

VI – Dizia comigo mesmo: "Que importância têm aos outros nossos ressentimentos pessoais? Em que nossas rixas poderão interessar aos países longínquos ou à posteridade? Terei feito não o que merece aquela gente, mas o que é digno de mim. De resto, não tenho inimigo tão grande que não deseje, se possível, convertê-lo em amigo. Por que escreveria contra um inimigo o que um dia, em vão, posso querer não ter escrito contra um amigo? Por que eu marcaria com carvão aquele a quem não mais pudesse, mesmo se ele merecesse, restituir a brancura? Prefiro pecar exaltando pessoas que pouco o merecem que vituperando pessoas que o merecem. Se elogiamos alguém injustamente, passamos por cândidos; mas se pintamos com suas cores verdadeiras o ser mais desprezível do mundo, isso não é imputado a suas ações, mas sim a nossa paixão: sem contar que as injúrias recíprocas, acarretadas pelas represálias, causam algumas vezes uma grande guerra, e que as maledicências trocadas por uma parte e outra dão amiúde origem a um incêndio dos mais perigosos. E, assim como é pouco cristão trocar injúria por injúria, é de um coração pouco generoso aplacar o ressentimento com ultrajes, como fazem as mulheres.

VII – Estas são as razões que me convenceram a escrever obras sempre isentas de malícia e de crueldade, e a não maculá-las com nenhum termo impregnado de maldade. Não tive na *Loucura* objetivo diferente do de meus outros escritos, embora por uma via diferente. No *Manual*[615], tracei simplesmente um esforço da vida cristã. No livrinho sobre a *Educação de um Princípe*[616], expus abertamente os princípios com que convém que um príncipe seja instruído. No *Panegírico*[617], sob o véu do elogio, tratei obliquamente do mesmo assunto, que já havia tratado abertamente no outro. E as idéias expressas na *Loucura*, sob a forma de brincadeira, não são nada diferentes das que estavam expressas no *Manual*. Quisemos advertir, e não morder; ser útil, e não ofender; reformar os costumes humanos, e não escandalizar.

VIII – Platão, filósofo tão ponderado, aprova os inúmeros copos bebidos nas patuscadas[618], porque sabe que é possível, pela alegria do vinho, dissipar certos vícios que não se poderiam corrigir pela austeridade; e Flaco[619] julga que a opinião dada brincando não tem menos efeito que a séria: "Que impede, proclama ele, de dizer rindo a verdade?"[620] Foi o que não deixaram de ver os homens mais sábios da Antiguidade, que preferiram expressar os mais salutares princípios de conduta em apólogos aparentemente ridículos e pueris, porque a verdade, um tanto austera por si mesma, ornada com o atrativo do prazer, penetra com mais facilidade no espírito dos mortais. Decerto é este o mel que, em Lucrécio[621], os médicos aplicam ao redor de uma taça de absinto, para fazer as crianças tomarem um remédio. E os príncipes de outrora não tiveram outra intenção ao introduzir em suas cortes os bobos[622], senão a de descobrir em sua franqueza, que não poderia ofender ninguém, o meio de conhecer e de corrigir os próprios defeitos. Talvez não fosse conveniente fazer Cristo figurar nesta lista; mas se me permitires comparar de alguma forma as coisas divinas com as coisas humanas, suas parábolas não têm alguma afinidade com os apólogos dos antigos? A verdade evangélica, ornada de atrativos deste tipo, esgueira-se com mais doçura nos corações e aí se estabelece mais profundamente do que se estivesse inteiramente nua: é o que, em sua obra *Doutrina cristã*, Santo Agostinho demonstra fartamente.

IX – Eu via como a maioria dos mortais estava estragada pelas opiniões mais tolas, e isto em todas as condições da vida, e meu desejo de para isso achar um remédio era maior do que minha esperança real. Supunha, portanto, ter encontrado o meio, graças a este procedimento, de me insinuar, por assim dizer, nas almas delicadas e curá-las enquanto as divertia. Notara muitas vezes que este modo engraçado e alegre de dar uma opinião é o que logra mais êxito em muita gente. Se me responderes que a personagem que pus no palco é muito superficial para discutir, sob sua ridícula vestimenta, coisas sérias, talvez reconheça meu erro. Não repilo a censura de ser inepto, repilo a de ser amargo, embora possa defender-me honestamente da primeira, na falta de outras razões, invocando o exemplo de todos esses homens tão ponderados que enumero no próprio prefácio de meu livro[623].

X – Que podia eu fazer, aliás? Havia chegado então, em minha volta da Itália, à casa de meu amigo Morus[624]; uma dor nos rins retinha-me havia vários dias no quarto; e meus livros ainda não haviam chegado. Mesmo que estivessem lá, minha doença não me permitia entregar-me ardentemente a trabalhos sérios.

Pus-me, estando no ócio, a divertir-me com este *Elogio da loucura*, de modo algum com a intenção de publicá-lo, mas para mitigar, com este derivativo, os sofrimentos da doença. Fiz vários bons amigos apreciarem o começo de minha obra, para ter mais prazer em rir em sua companhia. Este começo agradou-lhes muito, e me incitaram a continuar. Obedeci e consagrei a esta tarefa aproximadamente sete dias, gasto de tempo que, para a importância do assunto, me pareceu, aliás, excessivo. Depois, os mesmos amigos que me haviam instigado a escrever encarregaram-se de levar para a França meu livrinho, onde foi impresso, mas com uma cópia tão truncada quanto inexata. Fiquei tanto mais contrariado que em alguns meses foram publicadas mais de sete edições[625], e isso em países diferentes. Eu era o mais surpreso com tamanho entusiasmo. Se é isso, caro Dorpius, que chamas uma tolice, aceito a acusação, ou, pelo menos, não protesto. Cometi esta tolice para preencher meu ócio e agradar a bons amigos, e é a única que fiz em minha vida. Quem é sábio todas as horas? Tu mesmo reconheces que minhas outras obras têm toda a aprovação dos devotos, assim como dos eruditos. Quem são esses censores tão rígidos, ou melhor, esses areopagitas[626], que não querem perdoar a um homem uma única inépcia? Que insigne mau humor têm eles, para que, ofendidos por um mero livrinho que se presta ao riso, despojem, de um só golpe, um escritor do benefício de tantas vigílias anteriores? Quantas tolices eu poderia assinalar em outros lugares, mil vezes mais tolas que aquela, e mesmo nos grandes teólogos, que, forjando questões litigiosas e do mais frio interesse, esgrimem entre si pelas mais fúteis futilidades, como se estivessem em jogo os seus lares e os seus altares! E mais, essas fábulas ridículas e mais tolas até que as atelanas[627], eles as representam sem máscara. Eu, pelo menos, mostrei mais decoro, pois, querendo bancar o tolo, pus a máscara da Loucura; e, do mesmo modo que, em Platão[628], Sócrates mascara o rosto para recitar as louvações do Amor, eu mesmo representei mascarado esta comédia.

XI – Escreves que mesmo aqueles a quem o assunto desagrada aplaudem o espírito, a erudição e a eloqüência da obra, mas sua forma muito mordaz os choca. Esses censores me prestam ainda mais homenagens do que eu queria. Mas não faço caso desses louvores, sobretudo quando vêm de pessoas a quem não reconheço espírito, nem erudição, nem eloqüência; se eles possuíssem estas qualidades, creia-me, caro Dorpius, não se chocariam tanto com brincadeiras mais salutares que espirituosas ou eruditas. Pergunto-te, em nome das Musas, que olhos, que ouvidos, que paladares têm então estes que ficam chocados com o espírito mordaz deste pequeno livro? Antes de tudo, que espírito mordaz pode existir onde nenhum nome é molestado, exceto o meu? Por que não pensam no que Jerônimo repete tantas vezes: que numa discussão geral sobre os vícios nada há de injurioso para ninguém? Se alguém se choca com isso, não tem de atribuir a culpa ao autor, mas exigir reparação a si mesmo, pois se trai ao se declarar pessoalmente visado por uma linguagem que, dirigindo-se a todos, se dirige apenas a quem quer aplicá-la a si mesmo. Não vês que em toda a obra tomei tanto cuidado para não dirigir ataques pessoais que nem sequer quis designar com muita acrimônia qualquer nação que fosse? É assim que quando observo o amor-próprio particular de cada nação[629] assinalo dos espanhóis a glória militar, dos italianos, a literatura e a eloqüência, dos ingleses, a mesa farta e a beleza, e também dos outros aponto qualidades de um tipo tal que toda nação pode reconhecer como suas sem desprazer ou, ao menos, ouvir sorrindo. Ademais, quando, de acordo com as necessidades de meu assunto, passo em revista todas as condições dos mortais, e me ponho a apontar os defeitos de cada uma delas, pergunto, encontrou-se em algum lugar uma palavra desagradável ou venenosa sob minha pena? Vêem-me abrir a latrina dos vícios? Remexer o Camarina[630] secreto da vida humana? Quem é que não sabe tudo o que se poderia dizer contra os maus pontífices, contra os bispos e os padres desonestos, contra os príncipes viciosos, em suma, contra qualquer categoria, se, a exemplo de Juvenal, eu não tivesse tido vergonha de confiar à escrita o que muitos não se envergonham de fazer! Apenas assinalamos alguns aspectos engraçados e ridículos dos seres, de preferência a seus aspectos hediondos, e mesmo assim apontamo-los de modo a ir dando, mais de uma vez, conselhos sobre os deveres mais importantes, que é muito conveniente conhecer.

XII – Sei que não tens tempo para descer a ninharias desta espécie; mas se um dia tiveres tempo, tenhas cuidado de examinar com um pouco de atenção as pilhérias bufonas da *Loucura*; perceberás, sem dúvida alguma, que elas se enquadram muito mais com os dogmas dos Evangelistas e dos Apóstolos do que as dissertações de certos autores, que são consideradas magníficas e dignas dos grandes mestres. Tu mesmo não deixaste de reconhecer em tua carta que este livro contém um grande número de verdades. Mas julgas que não era necessário "ferir os ouvidos delicados com a mordacidade da verdade"[631].

Se pensas que não se deve falar livremente, e que a verdade só deve ser conhecida quando não choca, por que os médicos empregam drogas amargas e põem a hierapicra[632] no número dos remédios mais reputados? Se aqueles que curam os males do corpo procedem desta maneira, não estamos ainda mais habilitados a fazer o mesmo para curar as doenças da alma? "Suplica, diz Paulo[633], repreende, admoesta, oportuna e inoportunamente." O Apóstolo quer que acossemos os vícios por todos os meios, e tu queres que não se toque em nenhuma ferida, sobretudo quando isto é feito com tamanhas cautelas que só pode ferir quem gosta de ferir a si mesmo?

XIII – Se existe um meio de curar os vícios dos homens sem chocar ninguém, o mais simples de todos, se não me engano, é quando não se publica nome algum; e também, quando se evita mencionar detalhes que repugnem os ouvidos das pessoas de bem (pois, se há na tragédia fatos por demais atrozes para que os possamos expor aos olhos dos espectadores, e aí basta narrá-los, há, do mesmo modo, traços por demais obscenos nos costumes dos homens para que os possamos relatar sem enrubescer); enfim, quando as coisas que se relatam são narradas sob uma máscara bufona para distrair e para divertir, de sorte que a graça da linguagem elimina qualquer ofensa. Não vemos que efeito produz, às vezes, até em severos tiranos, uma brincadeira fácil e dita no momento certo? Pergunto-te, que orações, que discursos sérios poderiam ter acalmado a cólera de um rei ilustre[634] com tanta facilidade como a brincadeira de um soldado? "Pois bem! disse ele, se ainda tivéssemos uma garrafa nas mãos, teríamos dito muitas outras a teu respeito." O rei sorriu e perdoou. Não é sem razão que os dois grandes retóricos, Marco Túlio[635] e Quintiliano, dão com tanto cuidado os preceitos sobre os modos de provocar o riso[636]. O encanto e a jovialidade da conversa têm tamanho poder que sentimos prazer em flechadas lançadas habilmente, mesmo contra nós, como a história nos relata de Caio César[637].

XIV – Logo, se reconheces que escrevi a verdade e meu estilo é jovial, e não obsceno, que meio mais fácil se pode imaginar para sanar os males comuns da humanidade? O prazer inicialmente alicia o leitor, e, depois de tê-lo aliciado, prende-o. Em geral, os gostos são diferentes. O prazer lisonjeia igualmente todo o mundo, a menos que se seja estúpido demais para ter acesso ao sentimento do prazer literário. Pois bem! Aqueles que se chocam com um livro em que não se publica nenhum nome me parecem muito próximos das comadres que, se ouvem falar mal das mulheres de má vida, se zangam como se o ultraje dissesse respeito a cada uma delas, e que, em compensação, se ouvem elogiar as mulheres de bem, se aplaudem como se o elogio de uma ou duas abrangesse todas as mulheres.

Longe de um homem semelhante gênero de inépcia, mais longe ainda de um homem erudito, longe sobretudo de um teólogo! Se encontro um vício que não possuo, não me choco com ele, mas felicito-me, pelo contrário, por não ter um mal com o qual vejo que muitos estão às voltas. Mas se tocaram em alguma úlcera e eu me reconheça no espelho, não há razão para que eu deva me chocar. Se sou prudente, dissimularei o que sinto, e não irei trair a mim mesmo. Se sou honesto, tomarei cuidado, uma vez prevenido, para que não me possam doravante lançar-me pessoalmente no rosto o que vejo lá impessoalmente assinalado. Por que não conceder a este livro ao menos o que mesmo os ignorantes admitem nas comédias populares? Quantos brocardos não são lançados com toda a liberdade contra os monarcas, contra os padres, contra os monges, contra as mulheres, contra os maridos etc.? E no entanto, como ninguém é atacado pessoalmente, todos riem e cada qual confessa ingenuamente, ou dissimula prudentemente, sua fraqueza. Os mais violentos tiranos toleram seus bufões e seus bobos, embora às vezes sejam alvo de ultrajes manifestos por parte deles. O imperador Flávio Vespasiano não puniu quem lhe reprovava a aparência de cagão[638]. Quem são, então, essas pessoas de ouvido tão delicado, que não suportam que a própria *Loucura* se divirta com a vida dos homens em geral, sem fazer nenhum ataque pessoal? Nunca a comédia antiga teria sido vaiada se se tivesse abstido de chamar pelos nomes as personagens ilustres.

XV – Entretanto, excelente Dorpius, escreves-me quase como se o livro da *Loucura* tivesse posto contra nós toda a classe teológica. "Que necessidade, dizes, de atacar tão vivamente a classe dos teólogos?" E deploras minha sorte: "Antigamente, dizes, todos liam tuas obras com muito empenho, morriam de vontade de te serem apresentados. Hoje a *Loucura*, como Davo[639], atrapalha tudo." Sei que não escreves com segundas intenções e não tergiversarei contigo. Pergunto-te, julgas que seja um ataque à classe dos teólogos falar mal dos teólogos tolos ou maldosos e, por isso, indignos deste nome? Se tal lei prevalecer, quem quer que tiver falado mal dos celerados terá contra si toda a gente mortal. Que rei foi um dia tão imprudente para não reconhecer que há maus reis, indignos desta honra? Que bispo foi tão ousado para não falar o mesmo de sua classe? A classe dos teólogos é, pois, a única a não ter, no meio de todos seus adeptos, nenhum tolo, nenhum ignorante, nenhum briguento, e a só nos mostrar Paulos, Basílios e Jerônimos? Justo o contrário, quanto mais uma profissão é brilhante, menos indivíduos tem que a ela correspondem.

Encontrarás mais bons pilotos que bons príncipes, mais bons médicos que bons bispos. Aliás, este fato não concorre para a vergonha da classe, mas para o louvor do pequeno número dos que são os mais notáveis na classe mais notável.

XVI – Peço-te, diga-me por que os teólogos, se mesmo assim existam alguns que estejam chocados, se chocam mais do que os reis, os grandes, os magistrados, os bispos, os cardeais e os soberanos pontífices? Mais, enfim, do que os comerciantes, os maridos, as mulheres, os jurisconsultos, os poetas (pois a *Loucura* não omitiu nenhuma categoria dos mortais), a não ser que eles sejam tão insensatos, que pensam que deles se fala o mal que é falado em geral dos maldosos? São Jerônimo escreveu a Eustóquia[640] *Sobre a virgindade*, e, nesse livro, pinta tão bem os costumes das moças de má vida que um Apeles[641] não poderia mostrá-las melhor. Chocou-se Eustóquia com isso? Zangou-se com Jerônimo, com o pretexto de que ele teria desonrado a classe das virgens? De modo algum. E por que então? Porque a sábia virgem não se julgava visada, se falavam mal das jovens más, mas, ao contrário, ela se regozijava por exortarem as boas a não degenerarem assim, e as más a pararem de se comportar daquele modo. Ele escreveu a Nepociano[642] *Sobre a vida dos clérigos*. Escreveu a Rústico[643] *Sobre a vida dos monges*, e pinta com cores notáveis, censura com traços notáveis os vícios dos dois estados. Aqueles a quem escreveu não ficaram chocados, porque sabiam que nada daquilo os visava. Por que Guilherme Montjoy[644], que está longe de ser o último entre os grandes da corte, não se irritou com as inúmeras brincadeiras da *Loucura* acerca dos dignitários da corte? Decerto porque, sendo um homem tão bom quanto sábio, julga com razão que o que foi dito dos grandes que são maus ou tolos não o visa por nada neste mundo. Quantos brocardos a *Loucura* não desfechou contra os bispos maus e mundanos! Por que o arcebispo de Cantuária[645] não ficou chocado? Decerto porque este homem, que é o modelo rematado de todas as virtudes, julga que nenhum desses brocardos o visa.

XVII – Mas por que continuar a citar os nomes dos príncipes soberanos, dos outros bispos, abades, cardeais e outras ilustres personagens, dentre as quais nenhuma até agora me declarou estar nem um pouco ofendida por causa da *Loucura*? Não posso ser levado a crer que uns teólogos estejam irritados com este livro, a não ser o número diminuto daqueles que não compreendem, ou me invejam, ou são de uma natureza tão rabugenta que absolutamente nada cai em suas boas graças. Pois essa categoria de gente, como todo o mundo concorda, conta em suas fileiras com certos indivíduos que, em primeiro lugar, têm um espírito e um juízo tão medíocres que não são adequados a nenhum estudo, e, menos que a qualquer outro, à teologia; que, em segundo lugar, por terem aprendido de cor algumas regras de Alexandre o Gaulês[646], tocado de leve um pouquinho da inepta sofística, decorado, sem as entender, dez proposições de Aristóteles e o mesmo tanto de questões de Scot[647], ou de Ockham[648], reservando-se o direito de pegar o resto no *Catholicon*[649], no *Mammetrectus*[650] e em outros dicionários análogos, como numa cornucópia da abundância, erguem a crista como só vendo, pois nada é mais arrogante que a ignorância. É esse tipo de gente que despreza São Jerônimo como a um gramático, porque não o compreendem. São eles que zombam do grego, do hebraico e até do latim; e, embora sejam mais estúpidos que um porco, e nem mesmo tenham o senso comum, acreditam possuir o arsenal da sabedoria. Eles resolvem, condenam, decretam, de nada duvidam, em nada hesitam, nada ignoram. E, no entanto, esses dois ou três indivíduos provocam amiúde grandes tragédias. Que há, realmente, de mais impudente, ou de mais obstinado que a ignorância? Conspiram com grande zelo contra a literatura. Ambicionam uma posição no senado dos teólogos, e receiam que, se renascer a literatura e o mundo cair em si, aqueles que até então passavam normalmente por nada ignorarem passem por nada saberem. Daí seus clamores, daí sua revolta, daí sua conjura contra os homens que praticam o culto da literatura. A *Loucura* não lhes agrada porque não entendem o grego nem o latim. Se, não dos teólogos, mas dos histriões de teologia dessa espécie, porventura dissermos o que pensamos, que isto tem a ver com a ordem, magnífica entre todas, dos bons teólogos? Se é o zelo da piedade que os move, por que se inflamam de preferência contra a *Loucura*? Quantas impiedades, quantas obscenidades, quantas repugnâncias escreveu Poggio?[651] Contudo, ele passa por um autor cristão, está em todos os bolsos, é traduzido para quase todas as línguas. Com que opróbrios, com que ultrajes Pontano[652] não persegue os clérigos?

Contudo, passa por um escritor elegante e espirituoso e é lido. Quantas obscenidades há em Juvenal? Contudo, julgam que ele presta serviços até aos pregadores. Com que ultrajes Cornélio Tácito[653], com que hostilidade Suetônio[654] não falaram dos cristãos! Com que impiedade Plínio[655] e Luciano[656] zombam da imortalidade da alma! Contudo, todos os lêem, dada sua erução, e têm muita razão de os lerem. Apenas a *Loucura*, porque lançou alguns divertidos brocardos, não contra os bons teólogos, dignos deste nome, mas contra as frívolas raciocinadas dos ignorantes e contra o ridículo título de "nosso Mestre", não pode ser tolerada! Dois ou três charlatães, enfarpelados com a roupa de teólogos, se esforçam por levantar o ódio contra mim, com o pretexto de que ofendi e melindrei a classe dos teólogos. Dou tão grande importância à ciência teológica que só a ela costumo dar o nome de ciência. Tanto respeito e venero esta classe, que é a única em que me alistei e em que quis me inscrever, embora o pudor me impeça de arrogar-me tão iminente título, pois não ignoro que apanágios de erudição e de vida estão ligados à qualificação de teólogo. Há algo de sobre-humano na profissão de teólogo. É uma dignidade que cabe aos bispos, e não a pessoas como eu. Basta-nos estarmos imbuídos deste dito de Sócrates, que não sabemos nada de nada, e fazermos o que nos for possível para ajudar os trabalhos dos outros.

XVIII – Desconheço, aliás, onde se escondem esses dois ou três deuses dos teólogos, dos quais me escreves que me são bem pouco favoráveis. Passei temporadas em muitos lugares desde a publicação da *Loucura*, vivi em muitas academias, em muitas grandes cidades; nelas nunca encontrei um teólogo que me fosse hostil, exceto um ou dois da categoria daqueles que são inimigos de toda literatura. E ainda assim, mesmo estes jamais me pediram explicações. Não dou muita importância ao que eles podem murmurar contra um ausente, o testemunho de todos os bons teólogos me basta. Se eu não temesse, meu caro Dorpius, parecer falar com mais arrogância do que sinceridade, quantos teólogos não poderia citar-te, célebres pela santidade de vida, notáveis pela erudição, eminentes pela dignidade, e até, entre outros, um bom número de bispos que nunca me haviam mostrado tanta simpatia como depois da publicação da *Loucura*, e aos quais este livro faz rir mais que a mim mesmo. Apresentaria aqui seus títulos e nomes, se não temesse que mesmo contra tão grandes personalidades os três teólogos em questão não se enfurecessem por causa da *Loucura*. Há um, ao menos, que suponho ser o autor desta tragédia entre nós, pois sobre isso estou limitado quase que só a conjecturas. Se eu quisesse pintá-lo como ele é, ninguém se surpreenderia que a *Loucura* tenha desagradado a um homem dessa espécie. E confesso que ela não me agradaria, se não desagradasse a essa gente. Decerto, ela não me agrada; mas me desagrada menos pelo fato de não agradar a tais espíritos. Sou mais sensível ao julgamento dos teólogos sábios e eruditos, que estão longe de me acusar de ser mordaz, e chegam a elogiar minha moderação e minha candura, por ter tratado sem licença um assunto por si mesmo licencioso, e ter brincado sem ser mordaz.

XIX – De fato, para responder apenas aos teólogos, pois sei que são os únicos a estarem chocados, quem não sabe todo o mal que se diz comumente sobre os costumes dos maus teólogos? A *Loucura* não toca em nada desse tipo. Ela ridiculariza somente suas discussões inúteis; não se contenta em desaprová-las, também condena os que colocam apenas nelas, como se diz, "a popa e a proa"[657] da ciência teológica, e que tanto se ocupam das logomaquias desse gênero, para empregar a denominação de São Paulo, que não tem tempo para ler os Evangelhos, nem os Profetas, nem os Apóstolos. E apraza ao céu, meu caro Dorpius, que um número mínimo deles estivesse exposto a esta censura! Poderia citar-te velhos de oitenta anos passados que perderam tanto tempo em futilidades desse gênero que nunca abriram o livro do Evangelho; tenho a prova disso, e eles finalmente o confessaram. Não me atrevi a dizer, mesmo sob a máscara da *Loucura*, o que ouvi mais uma vez ser deplorado por muitos teólogos, mas estes verdadeiros teólogos, isto é, homens íntegros, ponderados, eruditos, e que consultaram profundamente as próprias fontes da doutrina de Cristo: toda vez que conversam com certas pessoas a quem podem dizer livremente o que pensam, deploram esse novo gênero de teologia que se introduziu no mundo e têm saudades do antigo. Que há, realmente, de mais santo, de mais augusto e que reflita e reproduza tão bem os dogmas celestes de Cristo? Ora, sem falar da ignomínia e das monstruosidades de uma linguagem bárbara e artificial, sem falar da ignorância total de literatura, nem do desconhecimento das línguas, Aristóteles, as invenções humanas, as próprias leis profanas perverteram tanto esse estado primeiro que não sei se ele ainda exprime o puro e verdadeiro Cristo. Ocorre, de fato, que de tanto voltar os olhos para as tradições humanas já não se encontra o arquétipo. Donde resulta que muitas vezes os teólogos esclarecidos são forçados a usarem em público uma linguagem diferente, que não mostra o que pensam ou dizem na intimidade. E, por vezes, não saberiam o que responder aos que os consultam, descobrindo que Cristo ensinou uma coisa, e as tradições humanas prescrevem outra. Pergunto-te, qual a relação entre Cristo e Aristóteles? Entre as sutilezas sofísticas e os mistérios da eterna sabedoria? Para que servem os labirintos de todas essas questões? Quantas delas não são inúteis, perniciosas, ao menos por causa das discussões e dissidências a que dão origem? – Mas, dirão, há pontos por elucidar, outros por resolver. – Não digo que não; mas, em contrapartida, há muitos que é melhor desprezar do que pesquisar: compete à ciência ignorar alguns deles; há muitos também de que é mais sensato duvidar do que decidir. Se, finalmente, for preciso decidir, gostaria que o fizessem com respeito, não com arrogância, e de acordo com as Sagradas Escrituras, não com os raciocínios artificiais dos homens. Hoje em dia, não dão solução a essas questiúnculas, que são, porém, pretexto para o tão grande desacordo das seitas e dos partidos. Todo dia um decreto sucede a um decreto. Em suma, chegamos ao ponto de que o essencial da religião depende menos da prescrição de Cristo do que das definições dos escolásticos e do poder dos bispos, sejam eles quem forem. Desta forma, tudo ficou tão enredado que já não há sequer a menor esperança de levar o mundo ao verdadeiro Cristianismo. É isto e muitas outras coisas que descobrem e deploram os homens mais veneráveis e mais sábios, que atribuem a causa primordial de toda esta situação à raça atrevida e irreverente dos modernos teólogos.

XX – Oh! Se pudesses, meu caro Dorpius, ver secretamente o que se passa no fundo de meu coração, decerto compreenderias quanto fui, por prudência, reticente sobre este ponto. A *Loucura* não toca nestas questões, ou, pelo menos, toca muito ligeiramente, para não chocar ninguém. Sempre tive o cuidado de tomar as mesmas precauções, com medo de escrever algo obsceno, algo pernicioso para os costumes, algo sedicioso ou que pudesse parecer ter um caráter injurioso para alguma classe. Quando falamos do culto dos Santos, encontrarás sempre alguma nota atestando abertamente que só desaprovamos a superstição daqueles que não reverenciam os Santos como se deve. Assim também, se falamos mal dos príncipes, dos bispos, dos monges, acrescentamos sempre uma nota para declarar que não dizemos isto para injuriar uma classe, mas as pessoas corrompidas e indignas de sua classe, por medo de ofender um homem de bem ao atacar os vícios dos maus. Além disso, cortando todos os nomes de minha obra, fiz o possível para que mesmo os maus não pudessem ficar chocados. Enfim, fazendo com que toda a peça, entremeada de tiradas e de brincadeiras, fosse representada por uma personagem fictícia e bufona, tivemos a preocupação de agradar até as pessoas tristes e soturnas.

XXI – Mas, segundo o que tu me escreves, não me reprovam somente a mordacidade, reprovam-me também a impiedade. "Como, dizes, ouvidos piedosos suportariam que chames de uma espécie de loucura a felicidade da vida futura?" Por favor, excelente Dorpius, quem ensinou à tua candura esse modo sorrateiro de caluniar as pessoas? Ou, o que prefiro acreditar, que velhaco abusou de tua simplicidade para levantar essa calúnia contra mim? Esses caluniadores tão perniciosos costumam separar duas palavras, tomadas isoladamente, às vezes até um pouco desnaturadas por eles, omitindo o que ameniza e explica a dureza da linguagem. Quintiliano, em suas *Instituições*[658], assinala e ensina a astúcia que consiste, diz, "em apresentar nossa causa do modo mais vantajoso, com grande reforço de provas e de tudo o que é suscetível de amenizar, atenuar, secundar a causa; em expor, ao contrário, a de nossos adversários sem nada disso, e nos termos mais odiosos possíveis". Essa arte, eles não a tiraram dos preceitos de Quintiliano, mas da própria malevolência, que muitas vezes é a causa de que coisas que agradariam muito, se fossem relatadas como foram escritas, lidas de outra maneira chocam vivamente. Relê, peço-te, essa passagem, e examina com cuidado por que graduações, por que progressão do discurso cheguei a dizer que esta felicidade é uma espécie de loucura. Observa, além disso, em que termos eu o explico; verás que ali há coisas que até mesmo encantam os ouvidos realmente piedosos, tão longe está de haver algo que choque. É em tua citação que há algo um tanto chocante, e não em meu livro. De fato, a Loucura, tentando abarcar em sua denominação todo o gênero humano, e mostrar que a soma de toda a felicidade humana depende dela, percorre todas as condições dos mortais até os reis e os soberanos pontífices; depois, chega aos próprios Apóstolos e até a Cristo, quando vemos que uma espécie de loucura lhes é atribuída na sagrada Escritura. Não há perigo que, por isso, se suponha que os Apóstolos ou Cristo tenham sido realmente loucos, mas que neles também havia um não sei quê de fraco e parecido com nossas paixões, o que, diante da eterna e pura sabedoria, pode parecer pouco sábio. Mas aquela loucura vence toda a sabedoria do mundo: é assim que o profeta compara toda a justiça dos mortais às roupas íntimas de uma mulher maculada pelo fluxo menstrual. Não que a justiça dos homens seja poluída, mas porque o que há de mais puro entre os homens é de algum modo impuro, se o compararmos com a pureza inefável de Deus. E assim como mostrei a loucura sábia, mostrei também a insanidade sã e a demência sensata. Para amenizar o que vinha depois sobre o gozo dos Santos, citei primeiro os três delírios de Platão, dos quais o mais delicioso é o dos amantes, que não passa de um tipo de êxtase. Ora, o êxtase das pessoas piedosas é apenas uma espécie de amostra da beatitude futura, pela qual seremos absorvidos inteiros em Deus, para estarmos mais nele do que em nós mesmos. Ora, Platão denomina delírio o estado daquele que, arrebatado para fora de si mesmo, vive naquilo que ama, e goza com isto. Não vês como distingui cuidadosamente, um pouco mais adiante, os gêneros de loucura e de insanidade, por medo de que um simples possa se confundir com nossos termos?

XXII – Mas, dizes, não combato o fundo; são os próprios termos que espantam os ouvidos piedosos. Por que então esses mesmos ouvidos não se chocam, ao ouvir Paulo dizer "o lado louco de Deus" e "a loucura da cruz"? Por que não movem um processo contra Santo Tomás, que, sobre o êxtase de Pedro, se exprime nestes termos: "Em seu piedoso delírio, ele começa um sermão sobre os tabernáculos." Ele qualifica esse sagrado e feliz arrebatamento de delírio. E, no entanto, isso é cantado nas igrejas. Por que não dizer que chamei, outrora, numa prece, Cristo de "mago" e de "feiticeiro"? São Jerônimo chama Cristo de samaritano, embora ele fosse judeu. Paulo o denomina o "pecado", como se fosse mais do que dizer o pecador; denomina-o o "maldito". Que ultraje ímpio, se quisermos interpretar maldosamente! Que piedoso elogio, se o tomarmos no sentido em que Paulo o escreveu! Se, conforme a esta moda, chamássemos Cristo de ladrão, adúltero, bêbado, herege, todas as pessoas de bem tapariam os ouvidos? Mas, se expressássemos isso em termos favoráveis, se pela progressão do discurso conduzíssemos insensivelmente o leitor, como pela mão, a ver como Cristo, triunfando pela cruz, levou ao Pai a presa que arrancou dos Infernos; como se aliou à sinagoga de Moisés como à esposa de Urias[659], para daí fazer nascer o povo pacífico; como, ébrio do vinho suave da Caridade, ele mesmo se devotou a nós; como introduziu um novo gênero de doutrina, muito afastado dos decretos de todos: sábios e loucos; quem, pergunto, poderia chocar-se, principalmente quando às vezes encontramos nas Sagradas Escrituras cada uma destas palavras empregada no bom sentido? Nas *Quilíades*[660] (lembramo-nos disso de passagem), chamamos os Apóstolos de Silenos[661], e até dissemos que mesmo Cristo era uma espécie de Sileno. Pode existir algo mais intolerável do que se apresentar um intérprete desonesto para explicar odiosamente isto em três palavras? Mas se um piedoso e honesto leitor ler o que escrevi, aprovará a alegoria.

XXIII – Fico muito surpreso que não tenham notado com que precauções exprimo estas coisas e como tenho cuidado em amenizá-las com uma correção. Eis o que escrevi: "Entretanto, já que de uma vez por todas vesti a pele do leão, ensinar-vos-ei ainda isto; a felicidade procurada pelos cristãos, à custa de tantas provações, não passa de certa espécie de demência e loucura. Não receeis as palavras, preferi pesar a realidade." Estás entendendo? Antes que a Loucura discuta sobre semelhante mistério, amenizo as coisas fazendo-a dizer, por um provérbio, que acaba de vestir a pele do leão. Não digo simplesmente "demência e loucura", mas "uma espécie de demência e loucura", para que compreendam que há uma piedosa loucura e uma feliz demência, de acordo com a distinção que estabeleço em seguida. Não contente com isso, acrescento "certa" para mostrar que há ali uma figura, e que não falo literalmente. Ainda não contente com tudo isso, ponho em alerta contra a ofensa que o som das palavras poderia criar, e advirto para que se preste mais atenção ao que é dito do que aos termos em que é dito. E isto, logo de início, já no enunciado de minha proposição. Depois, no desenvolvimento em si, não disse tudo com a piedade, com a circunspecção desejável, e mesmo com mais respeito do que convém à Loucura? Mas, acerca deste ponto, preferi esquecer por um instante as conveniências a não fazer jus à dignidade do assunto; preferi ofender a retórica a melindrar a piedade. E no fim, quando acabei minha demonstração, para não inquietar ninguém acerca de um assunto tão sagrado por ter dado a palavra à Loucura, ou seja, uma personagem bufona, escuso-me ainda nestes termos: "Mas o tempo passa e eu me esqueço, e ultrapassei todos os limites. Se achais em meu discurso muita petulância ou loquacidade, considerai que sou a Loucura e que falei como mulher." Vês que em nenhum lugar omiti a supressão do ensejo ao escândalo. Mas isto não é levado em consideração pelas pessoas cujos ouvidos só admitem proposições, conclusões e corolários. Que adianta ter premunido meu livro de um prefácio, no qual me esforço para pôr termo a toda calúnia? Não duvido que ele satisfaça todos os espíritos honestos. Mas que fazer com os que, por obstinação, não querem que os satisfaçamos, ou por muita estupidez não compreendem a satisfação que lhes é dada? Pois, do mesmo modo que Simônides[662] disse que os tebanos eram tolos demais[663] para que pudesse enganá-los, vemos pessoas estúpidas demais para que consigamos acalmá-las. Ademais, não é de se espantar encontrarem-se alguns que caluniam apenas pelo prazer de caluniar. Se lermos com estas disposições os livros de São Jerônimo, neles encontraremos cem passagens que dão ensejo à calúnia, e não deixaremos de achar, no mais cristão de todos os doutores, muitas ocasiões de poder chamá-lo de herege. E nem quero tocar em Cipriano[664], em Lactâncio[665] e em seus afins.

XXIV – Aliás, já se ouviu dizer que uma brincadeira tenha sido submetida à inquirição dos teólogos? Se isso for admitido, por que, em virtude dessa lei, eles não examinam na mesma ocasião os escritos e as pilhérias dos poetas de hoje? Quantas obscenidades encontrarão, quantas coisas que cheiram ao velho paganismo! Mas, não sendo essas produções postas na categoria das coisas sérias, nenhum teólogo acha que elas lhe dizem respeito. Não procuraria, entretanto, abrigar-me detrás deste exemplo. Não gostaria de ter escrito algo, mesmo que fosse por brincadeira, que pudesse de alguma forma escandalizar a piedade cristã. Que me dêem somente alguém que compreenda o que escrevi; que me dêem um homem honesto e íntegro, que tenha o desejo de entender, e não a idéia preconcebida da calúnia. Mas se levarmos em conta essa gente que, em primeiro lugar, é desprovida de espírito, e mais ainda de juízo; que, em segundo, não tem verniz algum de literatura, sendo mais infectada do que nutrida por sua ciência sórdida e confusa, que, por fim, detesta todos os que sabem o que ela mesma ignora não tendo outra intenção senão caluniar tudo o que lhe cai sob os olhos – deveremos resignar-nos a não escrever absolutamente nada, se quisermos evitar suas calúnias. Por que o desejo de glória precisa impelir alguns a caluniar? Nada é mais presunçoso que a ignorância ligada à convicção de que se possui a ciência. Destarte, perdidamente sedentos de fama, e não podendo atingi-la por meios honestos, preferem imitar aquele jovem efésio[666] que se tornou célebre incendiando o mais famoso santuário do universo, a viver sem glória. E como não podem publicar nada que valha a pena ser lido, aplicam-se com todas suas forças a denegrir as obras dos homens célebres. Falo dos outros, e não de mim que não sou absolutamente nada. Dou tão pouca importância ao livro da *Loucura* que ninguém pode pensar que esses procedimentos me perturbem. Mas é espantoso que pessoas iguais às que acabamos de descrever escolham, separando-as de uma vasta obra várias proposições, e tornem algumas escandalosas, outras irreverentes, estas indecorosas, aquelas ímpias e suspeitas de heresia – não que nela encontrem essas coisas ruins, mas porque são elas mesmas que as trazem. Como seria mais conciliador e mais digno da candura cristã favorecer a atividade dos eruditos, e, se porventura lhes escapasse uma inadvertência, ou fechar os olhos ou interpretá-la com benevolência, em vez de procurar censurá-las de modo hostil e portar-se como sicofanta, e não como teólogo! Como seria melhor, para uma colaboração mútua, ensinar ou instruir-se, e, para empregar os termos de Jerônimo, divertir-se no campo das letras sem se ferir! Mas o que espanta nessa gente é sua total falta de imparcialidade. Se encontram, ao ler certos autores, um erro dos mais manifestos, recorrem a um frívolo pretexto para defendê-lo; têm tamanha má-fé para com os outros, que não há nada que possam dizer com circunspecção suficiente para evitar qualquer pretexto de calúnia. Como seria preferível, ao invés de agir assim, ao invés de difamar, e de se fazer difamar por sua vez, perdendo tanto o próprio tempo quanto o dos outros, que aprendessem o grego, o hebraico, ou pelo menos o latim! O conhecimento destes idiomas tem tal importância para o entendimento das Sagradas Escrituras que me parece uma louca impudência que quem os ignore pretenda o nome de teólogo.

XXV – Por isso, excelente Martim, em virtude de meus bons sentimentos para contigo, não cessarei de te exortar, como fiz muitas vezes até agora, a acrescentar a teus conhecimentos ao menos o estudo do grego. Tens um talento intelectual realmente raro. Teu estilo sólido, nervoso, fluente e copioso anuncia não somente bom senso, mas também fecundidade. Estás não somente na força da idade, mas também em seu verdor e em sua flor. Acabas de terminar com sucesso o ciclo normal dos estudos. Crê-me, se a tão brilhantes estudos acrescentares o coroamento da literatura grega, ouso prometer, a mim e aos outros, que realizarás grandes coisas e nenhum dos modernos teólogos te ultrapassará. Se tens a disposição de acreditar que seja preciso, por amor da verdadeira piedade, desprezar toda a erudição humana; se pensas que alcançamos mais depressa a sabedoria através de uma transfiguração em Cristo, e tudo o que merece ser conhecido se descobre mais completamente com a ajuda das luzes da fé do que com a dos livros dos homens, subscreverei de bom grado teu parecer. Mas se, como comporta o estado atual das coisas humanas, te empenhas em conhecer realmente a teologia, sem saber as línguas, sobretudo aquela em que nos foram transmitidas as Sagradas Escrituras, estás completamente errado. Queira o céu que eu consiga convencer-te como desejo, pois o desejo tanto quanto te quero e tanto quanto me interesso por teus estudos: ora, quero-te com todo meu coração e interesso-me por ti com todo o meu ser. Se não posso convencer-te, permite ao menos que minhas preces corram este risco. Não me furtarei de nenhum castigo, se não reconheceres que meu conselho era amigável e seguro. Se atribues algum valor à amizade que tenho por ti, algum peso à nossa identidade de pátria, se dás importância, não me atrevo a dizer à minha ciência, mas pelo menos aos meus laboriosos trabalhos literários, se dás importância à minha idade (pois, em relação aos anos, eu poderia ser teu pai), deixa-me obter de ti o que desejo, ou por bem, ou por autoridade, na falta de argumentos. Só me convencerei de que sou eloqüente, como fazes a gentileza de me conceder, se eu te convencer. Se conseguir, ambos teremos com que nos alegrar, eu por te ter dado o conselho, e tu por tê-lo seguido. E tu que desde agora és o mais caro de todos os amigos, ficarás ainda muito mais caro porque eu te tornarei ainda mais caro a ti mesmo. Senão, receio que, numa idade mais avançada e instruído pela experiência, aproves meu conselho e condenes tua resolução, e que, como quase sempre acontece, percebas teu erro só quando for tarde demais para remediá-lo. Poderia enumerar-te pelo nome muitíssimas pessoas que, com os cabelos brancos, se tornaram novamente crianças aprendendo este idioma, porque, afinal, haviam notado que sem ele o estudo das letras era aleijado e cego. Mas já falamos muito sobre este ponto.

XXVI – Voltando à tua carta, como acreditas que o único meio de acalmar o ódio dos teólogos e reconquistar seu antigo favor seria opor, por um tipo de palinódia, os louvores da Sabedoria ao elogio da Loucura, recomendas-me vivamente e conjuras-me a fazê-lo. Eu, meu caro Dorpius, que só desprezo a mim mesmo, e que desejaria, se pudesse, fazer o apaziguamento geral, não hesitaria em empreender essa tarefa, se não previsse que o ódio que pôde nascer entre um número reduzidíssimo de pessoas desonestas e ignorantes, longe de se extinguir, iria exacerbar-se. Por isso achei que seria melhor "não remexer no mal aplacado e não tocar nesse Camarina"[667]. É preferível, se não estou enganado, dar tempo para essa hidra morrer.

XXVII – Chego agora à segunda parte de tua carta. Aprovas muito o cuidado que tomo em restabelecer o texto de Jerônimo[668], e me encorajas a trabalhos deste tipo. Encorajas, para dizer a verdade, um homem que já está correndo, e que, aliás, necessita menos de encorajamento que de auxílio, tamanha é a dificuldade em sua tarefa. Gostaria que a partir de agora não acredites em nada do que digo, se aqui não disser a verdade exata. Essas pessoas que ficam tão chocadas com a *Loucura* também não aprovarão a publicação do texto de Jerônimo. Não são muito mais justas para com Basílio[669], Crisóstomo[670], Nazianzo[671] do que para conosco, com a diferença de que se encolerizam mais livremente contra nós; por vezes, aliás, em sua irritação, não temem tratar indignamente estes luminosos espíritos. Têm medo da literatura e tremem por sua tirania. Para que vejas que meus pressentimentos não são temerários, dir-te-ei que quando comecei minha obra e a notícia sobre ela foi divulgada, uns homens que passam por ser ponderados e se julgam notáveis teólogos foram correndo suplicar ao impressor, por tudo o que há de mais sagrado, que não admitisse nem grego nem hebraico, pois esses escritos apresentavam um enorme perigo, sem nenhuma vantagem, e só serviam para satisfazer a curiosidade. Algum tempo antes, quando eu estava na Inglaterra, o acaso fez com que eu me encontrasse à mesa com um franciscano, partidário do primeiro Scot[672], que passa aos olhos da multidão por ser muito sábio, e aos dele, por nada ignorar. Quando lhe expus o que queria fazer por Jerônimo, ficou vivamente surpreendido de que houvesse nos livros deste último alguma coisa que os teólogos não compreendessem: ora, era um homem tão ignorante que me pergunto se, em todas as obras de Jerônimo, ele compreendia o sentido exato de três linhas que fosse. A saborosa figura acrescentou que, se eu estivesse atrapalhado em minhas notas sobre Jerônimo, Briton[673] havia explicado tudo luminosamente. Pergunto-te, meu caro Dorpius, que se pode fazer com tais teólogos, ou que se lhes pode desejar além de um bom médico que lhes cure o cérebro? E, no entanto, às vezes são pessoas da mesma laia que, numa assembléia de teólogos, gritam mais forte; são eles que sentenciam sobre o Cristianismo. Temem e abominam, como um perigo mortal e como um flagelo, o que São Jerônimo, o que o próprio Orígenes[674], em sua velhice, adquiriram à custa de suores para serem realmente teólogos. Agostinho, já bispo e já velho, deplora nos livros de suas *Confissões* ter recuado, quando jovem, diante de estudos que, para a explicação das Sagradas Escrituras, poderiam ter-lhe sido úteis. Se há perigo, eu não temeria um perigo que homens tão sábios enfrentaram. Se há curiosidade, eu não poderia ser mais santo que Jerônimo, deixando como juízes da honra que lhe é concedida aqueles que chamam de curiosidade o que ele fez.

XXVIII – Existe um decreto muito antigo do Senado Pontifício sobre a instituição de doutores encarregados do ensino público de várias línguas, ao passo que para o estudo da sofística e da filosofia de Aristóteles não há nada previsto em lugar nenhum, a não ser quando os decretos põem precisamente em dúvida a utilidade desse estudo. Aliás, ele é desaconselhado por muitos dos grandes autores. Por que desprezamos o que a autoridade dos Pontífices ordenou, para empreender apenas o que é posto em dúvida, e mesmo desaconselhado? Aliás, eles agiram com Aristóteles do mesmo modo que com as Sagradas Escrituras. Encontramos em toda parte a Nêmesis, vingadora dos desprezos da língua. Também neste ponto, aqui e ali, eles divagam, sonham, são cegos, quebram a cara, proferem puros absurdos. É a estes distintos teólogos que devemos o fato de possuirmos somente um número tão reduzido dessa imensa quantidade de escritores que Jerônimo recenseia em seu *Catálogo*[675], porque eles escreviam o que "nossos mestres" não conseguiam entender. É a eles que devemos um São Jerônimo tão defeituoso e tão mutilado que outros têm mais dificuldade em restabelecer o texto do que ele mesmo teve para escrevê-lo.

XXIX – Quanto ao que me escreves, em terceiro lugar, sobre o *Novo Testamento*[676], pergunto-me o que te aconteceu realmente, e para onde pudeste desviar os olhares tão perspicazes de teu intelecto. Não queres que eu faça nenhuma mudança, exceto se o grego apresentar um sentido mais claro, e afirmas que não existe o menor erro na edição que utilizamos normalmente. Consideras como um sacrilégio abalar, por menos que seja, um edifício que recebeu a aprovação de tantos séculos unânimes e de tantos sínodos. Conjuro-te, eruditíssimo Dorpius, se estás certo, diga-me então por que Jerônimo, por que Agostinho, por que Ambrósio fazem citações que diferem do que lemos. Por que Jerônimo critica e corrige nominalmente tantas passagens que, entretanto, foram conservadas nesta edição? Que farias em presença de tantas concordâncias, ou seja, quando os textos gregos têm uma lição diferente, que Jerônimo cita como exemplo, das que os manuscritos latinos reproduzem, e quando o próprio sentido se enquadra melhor com o assunto? Será que, porventura, a despeito de todos estes testemunhos, tu seguirás teu texto, provavelmente alterado por um copista? Ninguém está sustentando que haja a menor mentira nas Sagradas Escrituras, pois que é esta a conseqüência que tiras, e de modo algum se trata do duelo entre Jerônimo e Agostinho. Mas o que é a verdade gritante, e o que mesmo um cego, como se diz, é capaz de ver, é que muitas vezes, por inabilidade ou por negligência do tradutor, o grego foi mal reproduzido; que muitas vezes uma lição exata e fiel foi alterada por copistas ignorantes (como vemos todos os dias), por vezes até modificadas por meio-sábios pouco atentos. Qual deles favorece mais a mentira, aquele que corrige e restabelece o texto, ou aquele que prefere deixar um erro a saná-lo? Tanto mais que a característica dos textos corrompidos é que um erro acarreta outro. Nossas modificações abrangem, de um modo geral, mais a expressão que o sentido, embora amiúde o sentido dependa em grande parte da expressão. Mas não é raro que se tenha afastado totalmente do bom caminho. Neste caso, pergunto-te, a que recorreram Agostinho, Ambrósio, Hilário e Jerônimo, senão às fontes gregas? E, se bem que este método tenha sido aprovado até pelos decretos eclesiásticos, tu tergiversas e procuras refutá-lo, ou melhor, elidi-lo mediante uma distinção. Dizes que naquele tempo os textos gregos eram mais corretos que os latinos, mas que hoje é justo o contrário e que não se deve confiar nos livros daqueles que se afastaram da Igreja romana. É-me difícil acreditar que sejas dessa opinião. Como! Não leremos os livros daqueles que se afastaram da fé cristã? Por que então creditas tanta autoridade a Aristóteles, um pagão que nunca teve nada a ver com a fé? Todo o povo judeu afastou-se de Cristo; os *Salmos* e os *Profetas*, escritos na língua deles, não terão a nossos olhos nenhum valor? Examina, pois, todos os pontos sobre os quais os gregos não estão de acordo com os latinos ortodoxos: não encontrarás um que se tenha originado das palavras do *Novo Testamento* ou que com ele se relacione. É somente na palavra "hipóstase", na procedência do Espírito Santo, nas cerimônias da consagração, no poder do Pontífice Romano que se baseia sua controvérsia. E eles não tiram suas provas de textos falsificados. Que dirás ao ver a mesma interpretação em Orígenes, em Crisóstomo, em Basílio, em Jerônimo? Será que, por acaso, naquele tempo haviam falsificado os textos gregos? Algum dia foi achada uma única falsificação nos textos gregos? De resto, por que teriam eles tido a intenção de falsificá-los, uma vez que deles não tiram argumentos para defender seus dogmas? Acrescenta que o próprio Marco Túlio, que, aliás, não era muito justo para com os gregos, confessa que, em toda espécie de ciência, os textos gregos eram mais puros que os nossos. De fato, a diferença das letras, os acentos, a própria dificuldade da escrita, são a causa de que se podem cometer menos erros, ou de que, se ocorrem, podem ser sanados com mais facilidade.

XXX – Ao dizer-me para não me afastar dessa edição aprovada, sem dúvida, por tantos concílios, fazes como os teólogos vulgares, que costumam atribuir à autoridade eclesiástica tudo o que passou para o uso comum. Cita-me um único concílio em que se tenha aprovado essa edição. Pois, como aprovar uma obra cujo autor ninguém conhece? Não é Jerônimo, seus próprios prefácios o atestam. Mas admitamos que um sínodo a tenha aprovado: aprovou-a de modo que não se possa mais modificá-la de acordo com as fontes gregas? Aprovou todos os erros que nela se puderam introduzir de várias maneiras? Foi concebido nestes termos o decreto dos Padres da Igreja: "Não sabemos quem é o autor desta edição, mas, mesmo assim, nós a aprovamos; não queremos que nela mudem nada, mesmo se os mais corretos textos gregos forem diferentes, mesmo se Crisóstomo, Basílio, Atanásio, Jerônimo ali fizeram uma leitura diferente, e mesmo quando a lição dele se enquadre melhor com o sentido do Evangelho; entretanto, em tudo o mais, damos toda a aprovação a estes mesmos autores. Ainda mais, tudo o que no futuro, de um modo ou de outro, for corrompido, alterado, acrescentado ou omitido, quer por semi-sábios e audaciosos, quer por copistas inábeis, bêbados ou negligentes, nós o aprovamos com a mesma autoridade e não queremos que ninguém possa mudar nada no texto já aceito?" – É um decreto ridículo, dizes.

– Mas ele deve ser dessa espécie, se invocas a autoridade de um sínodo para nos afastar deste trabalho. Enfim, que diremos ao ver que os exemplares dessa edição não estão de acordo entre si? Será que, porventura, o sínodo também aprovou essas contradições, por certo tendo previsto as mudanças que cada qual poderia trazer?

XXXI – Ah! Quisera o céu, meu caro Dorpius, que os Pontífices Romanos tivessem tempo suficiente para publicar sobre este ponto sentenças salutares, graças às quais soubéssemos o que cumpre fazer para restabelecer as obras monumentais dos bons autores, para delas preparar e estabelecer edições corrigidas! Mas eu não queria que participassem desse conselho essas pessoas que se chamam, muito injustamente, teólogos, que só visam a dar realce ao que ensinaram. Ora, e eles ensinaram algo que não seja tão inepto quanto confuso? Com esses tiranos, acontecerá que, a despeito dos melhores autores da Antiguidade, o mundo será forçado a considerar as suas nênias como oráculos; ora, elas são tão desprovidas de boa erudição que eu gostaria muito mais de ser um artesão, mesmo medíocre, do que o primeiro do bando deles, e não ter uma ciência de melhor qualidade. Aí estão pessoas que não querem que se restabeleça um texto, de medo de parecerem ter ignorado alguma coisa. Opõem a nós a autoridade fictícia dos sínodos; exageram a grande crise da fé cristã; propagam os perigos da Igreja (que aparentemente carregam nos ombros, mais próprios para puxar o arado) e outras lérias desta espécie junto ao povo ignaro e supersticioso, que os toma por teólogos e do qual eles não queriam destruir a opinião que deles têm. Temem que, quando citam erradamente as Sagradas Escrituras, como fazem muitas vezes, lhes lancem na cara a autoridade da verdade grega ou hebraica, e que logo fique patente que seus pretensos oráculos não passam de devaneios. Santo Agostinho, um grande homem, que além do mais é bispo, não teme ser instruído por uma criança de um ano. Mas aquela gente prefere pôr tudo sem pé nem cabeça a parecer ignorar o que quer que seja do ponto de vista da erudição absoluta.

XXXII – Aliás, aí não vejo nada que esteja muito relacionado à sinceridade da fé cristã; e se estivesse relacionado, seria uma razão a mais para trabalhar direito. Não há perigo de nos afastarmos repentinamente de Cristo, se porventura soubermos que foi encontrada nos Livros Santos uma passagem que um copista ignorante ou sonolento alterou ou que sei lá qual tradutor restituiu com pouca exatidão. Este perigo é devido a outras causas, que aqui calo prudentemente. Como seria mais cristão deixar de lado estas querelas e contribuir voluntariamente, cada qual na medida de suas forças, para o bem comum, dedicando-se a ele de boa fé, aprendendo-se sem arrogância o que se ignora e ensinando-se sem ciúme o que se sabe! Se existem alguns que são por demais iletrados para ensinar como se deve ou por demais orgulhosos para aprender algo, deixemo-los tranqüilos, porquanto são pouco numerosos, e ocupemo-nos dos bons espíritos, ou pelo menos daqueles que dão boas esperanças. Tempos atrás mostrei minhas notas, ainda informes, ainda quentes da forja, como se diz, a pessoas muito íntegras, a grandes teólogos, a sapientíssimos bispos: reconheceram que aqueles esboços, do jeito que estavam, haviam lançado muita luz em seu conhecimento das Sagradas Escrituras.

XXXIII – Eu sabia que Lorenzo Valla[677], como contas, se ocupara antes de mim com este trabalho, já que fui o primeiro a publicar suas anotações[678], e vi os comentários de Jacques Le Febvre[679] sobre as Epístolas de Paulo. Quisera o céu que eles tivessem trabalhado de modo a tornar nosso trabalho inútil! Certamente, considero Valla um homem digno dos maiores elogios, mais retórico que teólogo, que se empenhou, em seu trabalho sobre as Sagradas Escrituras, em comparar o grego com o latim, quando não faltam teólogos que jamais leram do começo ao fim, e com detalhes, o conjunto do Testamento; mas não partilho sua opinião em muitos pontos, sobretudo no tocante à parte teológica. Jacques Le Febvre tinha consigo seus comentários quando preparávamos nossa obra e é lastimável que mesmo em nossas conversas mais familiares não tivéssemos alguma vez tido a idéia, tanto um quanto outro, de falar de nosso projeto. Não sei com que se ocupava antes da impressão de sua obra. Aplaudi vivamente seu esforço; mas também não partilho sua opinião em muitos pontos, e com pesar, pois com um amigo como ele gostaria de estar de acordo em tudo, se não cumprisse dar mais importância à verdade que a um amigo, sobretudo a respeito das Sagradas Escrituras. Mas não entendo bem por que tu me opões a esses dois autores. Será para me afastar de um trabalho que consideras como realizado? Ficará evidente que mesmo depois de tão grandes homens não é sem razão que empreendo esta tarefa. Queres dizer que os teólogos não aprovam o trabalho deles? Não vejo verdadeiramente em que Lorenzo pôde atrair para si esse velho ressentimento. Ouço Le Febvre ser aplaudido por todos. De que adianta dizer, aliás, que fazemos um trabalho que nada tem em comum? Lorenzo limitou-se a anotar algumas passagens, e isto, como se vê, correndo e, como se diz, com mão leve. Le

Febvre publicou comentários apenas sobre as Cartas de Paulo, traduzindo-as ao modo dele, assinalando de passagem os pontos controvertidos. Quanto a nós, traduzimos o *Novo Testamento* inteiro, utilizando os textos gregos, e colocando o grego ao lado, para que possam ser cotejados imediatamente. Acrescentamos notas à parte, nas quais mostramos, quer através de provas, quer através da autoridade dos antigos teólogos, que não fizemos modificações levianas, e isto para que possam confiar em nossas correções, e possam alterar facilmente o que corrigimos. Queira o céu que possamos levar a termo uma obra em que trabalhamos com zelo! No tocante aos assuntos da Igreja, não temerei dedicar este parco produto de minhas vigílias a qualquer bispo, a qualquer cardeal e mesmo a qualquer Soberano Pontífice, contanto que seja igual ao que temos[680]. Enfim, não duvido que um dia tu também me felicitarás por publicar este livro, ainda que disto agora me dissuadas, assim que tiveres travado um pouco de conhecimento com um idioma sem o qual não se pode fazer um juízo exato sobre este tipo de coisas.

XXXIV – Vê, meu caro Dorpius, como ganhaste, pela mesma diligência, uma dupla gratidão: a dos teólogos, em nome de quem executaste com tanto zelo tua missão; e a minha, demonstrando-me com um parecer tão amistoso teu afeto por mim. Por tua vez, tu nos proporcionarás uma satisfação igual aceitando, se fores sensato, o conselho de um amigo que só quer teu bem, de preferência ao dessa gente que está louca para atrair à sua facção um espírito como o teu, feito para eminentes trabalhos, apenas para fortalecer sua tropa com a adjunção de um tão grande capitão. Que eles tomem o melhor partido, se o puderem; senão, toma tu mesmo o partido mais sensato. Se não podes torná-los melhores, como gostaria de ver-te tentar conseguir, ao menos toma cuidado para que eles não te tornem menos bom. Procura defender minha causa junto a eles com o mesmo ardor que defendeste a deles junto a mim. Acalmá-los-ás na medida do possível e convencê-los-ás de que ajo desta maneira, não para ultrajar aqueles que não sabem estas línguas, mas tendo em vista o interesse público geral, que todos podem servir, se quiserem, sem que a isso se achem obrigados, se preferirem abster-se; acrescentarás que quando se levantar alguém que possa ou que queira ensinar melhor do que ensinei, serei o primeiro a rasgar e a anular nosso trabalho, e a colocar-me a suas ordens.

XXXV – Apresenta minhas saudações a João Paludanus[681], fazendo com que ele compartilhe contigo essa defesa da *Loucura*, por causa dos comentários que a ela dedicou nosso amigo Lister[682]. Recomenda-me muito ao sapientíssimo Nevins[683], ao amabilíssimo Nicolas de Béveris, cura de Saint-Pierre. O abade Ménard, que cumulas de elogios tão magníficos, e, a julgar por teu caráter, tão verdadeiros, inspira-me por tua causa afeição e respeito, e não deixarei, em minhas obras, na primeira ocasião, de falar honrosamente dele. Porta-te bem, tu, a quem mais quero no mundo, meu caro Dorpius[684].

Antuérpia, 1515.

# *Notas*

1. Erasmo nasceu em Rotterdam, provavelmente em 26 de outubro, de um ano que permanece incerto (1466? 1467?), filho ilegítimo de Geraldo Praet, natural de Gouda, e de Margarida que, por sua vez, era filha de um médico de Sevenbergen. Uma estátua, fundida em 1622 por Keiser, comemora, no centro da cidade de Rotterdam, o nascimento do ilustre humanista dessa cidade.

2. Erasmo, ao que parece, encontrara pela primeira vez Tomás Morus, com quem devia depois manter sólida amizade, por ocasião de sua primeira estada na Inglaterra, em 1497. Nessa época, Morus começava o segundo ano de direito; Erasmo e ele certamente se viam em casa de William Blount, lorde Mountjoy, que já célebre humanista tivera como aluno em Paris. Quando, por volta de 1505, Erasmo atravessou novamente a Mancha, se hospedou em casa de Morus, casado havia alguns meses, a qual era freqüentada assiduamente por um grupo de helenistas: Colet, Grocyn, Linacre e Lilly; traduziu então para o latim, com Morus, vários diálogos de Luciano. Em sua terceira viagem à Inglaterra, em 1509, hospedou-se em casa de Morus, que o estimulou a escrever o *Elogio da loucura*, que Erasmo concebera algumas semanas antes cavalgando ao capricho de sua égua.

Sabe-se que eleito em 1503 membro do Parlamento, Morus, que era dez anos mais moço que Erasmo, foi encarregado por Henrique VIII de diversas embaixadas, tanto em Flandes (1515) como na França (1517), e acumulado de honras na corte. Em 1518, publicou sua célebre *Utopia*, em que propunha o plano ideal de uma sociedade bem ordenada. Em 1529, tornou-se grande Chanceler da Inglaterra; mas, tendo recusado em 1532 reconhecer a validade do divórcio de Henrique VIII, teve de se demitir de seu cargo, depois se viu acusado de traição e foi condenado à morte. Foi decapitado na Torre de Londres, em 6 de julho de 1535.

Partidário das idéias reformadoras de Erasmo e de Colet, mas adversário determinado do separatismo luterano, o grande homem de Estado e grande homem das letras que foi sir Tomás Morus também foi um homem de fé constante e piedade exemplar. "Espírito e bondade, sabedoria e coragem – escreveu o padre Bremond –, nada falta a este santo moderno para ser incluído entre os mais estimados protetores e modelos." Cf. Henri Bremond, *Le Bienheureux Tomás Morus* (1478-1535), I vol. Lecoffre, 1930.

3. Após uma estada de cerca de três anos na Itália (agosto de 1506 – junho de 1509), Erasmo, por insistência dos amigos da Inglaterra, decidiu voltar à Grã-Bretanha, onde Henrique VIII, que gostava muito do humanista, acabava de subir ao trono de seus ancestrais; por Bolonha, Suíça e Reno, chegara a Antuérpia, onde embarcou para Londres. Enquanto viajava, com a memória ainda fresca de tudo que vira acerca das tolices humanas, concebera a idéia do *Elogio da loucura*, que, chegando a casa de Tomás Morus, redigiu em uma semana, por volta do mês de agosto de 1509.

4. Citação da *Odisséia*, XXI, I.

5. É o nome da loucura em grego (Μωρία). A obra foi inicialmente intitulada *Moriae Encomium,* duas palavras gregas que correspondem ao latim *Stultitiae Laus*, que foi habitualmente traduzido por *Elogio da loucura.*

6. Demócrito de Abdera, filósofo grego do século V a.C., para quem o bem supremo consistia na libertação dos terro-

res vãos e achava constantemente cômico, pelo que consta, o espetáculo da humanidade. Cf. Juvenal, Sátiras, X, 28-30; Sêneca, *De Ira*, II, 10, 5.

7. Isto é, no sentido latino do termo: exercício de escola.

8. Citação de Catulo XII, 13: *Verum est mnemosynon mei sodalis.*

9. A comédia antiga, cujo mais ilustre representante é Aristófanes, atacava acerbamente os contemporâneos.

10. O mordaz Luciano de Samósata, um dos escritores gregos mais apreciados por Erasmo, de quem publicou em Paris, em 1506, uma seleção dos espirituosos diálogos, uma parte traduzida por ele, outra por Tomás Morus. Cf. Erasmo, *Ep.*, 475, compilação de Allen, t. II.

11. O combate dos ratos e das rãs, ou Batracomiomaquia, não é uma obra de Homero, como julgava Erasmo, mas uma paródia da *Ilíada*, sob a forma de um poema burlesco de 294 versos, que não parece datar de antes do século IV a.C.

12. O *Culex* (O Mosquito) é uma epopéia de 414 versos, meio-rústica, meio-infernal, que faz parte da série de poemas atribuídos a Virgílio (*Appendix Vergiliana*): nele se vê um mosquito aferroar um pastor adormecido e prestes a ser mordido por uma serpente, e o pastor esmagar seu salvador, que lhe aparece num sonho noturno para pedir-lhe uma sepultura. Sobre as razões de atribuir ou não o *Culex* a Virgílio, peço permissão para remeter o leitor a nossa edição e tradução do Apêndice Virgiliano: *La Fille d'auberge* etc., pp. 69-70 (Garnier, 1935).

13. Moretum (A Salada) é um "idílio" de 124 hexâmetros em que se vê um camponês romano levantar-se antes da aurora para encontrar pronto, quando voltar do campo, sua refeição da tarde, uma "salada" ou queijo branco temperado com azeite e ervas moídas. *Moretum* entrara na Idade Média, junto com peças de Ausônio, no *Appendix Vergiliana*. Sobre as razões de atribuir ou não a Virgílio, cf.: *La Fille d'auberge* etc., trad. Maurice Rat, pp. 13-19 (Garnier, 1935).

14. *Nux* (Nogueira) é um poema de 182 versos (dísticos elegíacos) escrito provavelmente por um aluno de Ovídio, no qual se vê uma nogueira queixar-se – não sem humor – dos insultos do passante, que a machuca com pedradas para fazer caírem seus frutos. Este poema foi publicado com *Tristes* num manuscrito de Ovídio, o *Marcianus* 223, atualmente em Florença; a autenticidade ovidiana da *Nux* foi combatida desde o século XV, e Merkel, no século XIX, eliminou-a de sua edição de Ovídio.

15. Busíris é um rei lendário do Egito que, segundo a fábula, mandava matar todos os estrangeiros que penetravam em seu reino. Num discurso intitulado *Busíris*, Isócrates reprova o sofista Polícrates por ter elogiado esse tirano mítico.

16. Glauco, irmão de Platão, escrevera, segundo Diógenes Laércio, vários diálogos, entre eles um sobre a injustiça, segundo o próprio Platão (*Rep. II, 2*), que o faz figurar como interlocutor em *República* e *Parmênides.*

17. Favorino foi um retórico e sofista gaulês, nascido em Arles, por volta do século I de nossa era, e morto por volta de 135, que evoluiu do estoicismo ao ceticismo, gozou de muito prestígio junto ao imperador Adriano e parece ter sido autor de um comentário, hoje perdido, sobre os dez artigos do *Símbolo cético,* atribuído a Pirro, e que redigiu um importante tratado sobre os *Tropos pirronianos.* Dele só restaram raros fragmentos esparsos em Diógenes Laércio, Stobeu, Aulo Gélio etc.

18. Sinésio de Cirene, bispo de Ptolomais, filósofo e poeta grego (cerca de 365-415 d.C.), escreveu entre outras obras um *Elogio da calvície*, agradável brincadeira que responde ao *Elogio da cabeleira*, de Díon Crisóstomo.

19. Alusão aos opúsculos de Luciano de Samósata, um intitulado *Elogio da mosca*, o outro, *Sobre o parasita*, nos quais o espirituoso ensaísta elogia de modo bufão a mosca e o parasita. Nenhum destes dois opúsculos, que não são dos melhores de Luciano, figuram na seleção de suas obras, selecionadas e traduzidas ao latim por Morus e Erasmo. Cf. nota 10.

20. Trata-se de *Apokolokiyntosis,* ou transformação de Cláudio em abóbora: nele vê-se Cláudio expulso, após a morte, da morada dos imortais e arrastado aos infernos, onde Éaco condena-o a jogar dados com um copinho furado.

21. No diálogo em que se vê Grilo, companheiro de Ulisses que foi transformado em porco por Circe (em grego o nome de Grilo quer dizer porco), tentar convencer Ulisses de que a vida dos animais é mais agradável que a dos homens.

22. *O asno* de Luciano e *O asno de ouro* de Apuleio.

23. Testamento burlesco que data do século III que servia para divertir os estudantes. Corocotta, χροχόττας, o nome de um animal da Etiópia que se parece com a hiena e com o porco e Grunnius significa "resmungão".

24. Cf. *Prooem, in* XII *Comm. Esaiae,* t. V, p. 154. – Erasmo conhecia bem São Jerônimo, cujas obras completas publicaria em 1516, na Basiléia; reedição em 1553.

25. Citação de Horácio, *Sátiras*, II, 3, 248:

*... equitare in arundine longa.*

"Construir casinhas – diz Horácio –, atrelar camundongos a um pequeno carro, jogar o par ou ímpar, cavalgar um cabo de vassoura, estas são, se tendes barbas no queixo, brincadeiras que vos farão ser tratado como louco".

26. Lembrança de Horácio, *Epodos*, VII, 2.

27. "O campônio – diz Horácio – está pronto para brigar, se dizemos diante dele *lã* e não *pêlos* de cabra", *Epístolas*, I, 18, 15-16.

28. Erasmo usa o termo grego φιλαυτία, "amor-próprio", sobre o qual Plutarco disserta (*Moralia* 48 F), e que se acha transcrito literalmente por Rabelais em várias passagens de *Gargantua e Pantagruel.*

29. Citação de Luciano, *O sonho ou o galo*, I: ἐξ τὰ ἄλφιτα. Cf. também Aristófanes, *As nuvens,* 638. A mesma idéia é expressa por Erasmo nos *Adágios*, III, 6, 3.

30. Não consta nenhuma data nas primeiras edições. A edição de Basiléia (Froben), de julho de 1522, indica pela pri-

meira vez uma data: a de 9 de junho de 1508, que é inadmissível. Foi proposto 1511 (Lupton, *The Utopia of Sir Thomas More,* Oxford, 1895, p. XXVI, nota 2); 1510 (kan, edição do *Elogio*, Haia, 1898, p. VII, nota 41); 1509 (P. de Nolhac, *Érasme en Italie*, Paris, 1898, p. 93). É provável que a carta-prefácio de Erasmo a Tomás Morus tenha sido escrita em 1509, ao mesmo tempo que a obra, isto é, no mês de agosto e no campo; e que tenha sido revista no momento da impressão em Paris, em fins de abril, maio e junho de 1511, e datada então por Erasmo no dia 9 de junho.

31. Citação de Terêncio, *Adelphoe* (Os irmãos), 839.

32. Erva cujo suco, misturado ao vinho, fazia esquecer as preocupações; cf. *Odisséia*, IV, 220:

Νηπ ενθεξ τ'ἄχολόν τε, χαχῶν ἐπίγηθον απάντων.

33. O antro, onde fora tragado Trofônio, assassino de seu irmão Agamede, e que se chamava no bosque sagrado de Lebadia, na Beócia, possuía um oráculo que entristecia por toda a vida todos os que vinham consultar. Cf. Homero, *In Apoll.* 296; Pausânias, IX, 37, 3. – Erasmo também fala dos fugitivos do antro de Trofônio nos *Adágios*, I, 7, 77.

34. Lembranças de Horácio, *Odes*, I, 4, I; IV, 5, 6.

35. Erasmo também menciona nos *Adágios* (I, 3, 67) a desventura de Midas, cujas orelhas foram transformadas por Apolo em orelhas de burro, por Midas ter preferido a flauta de Pã à lira do deus. Cf. Heródoto, VII, 73; Cícero, *Div.*, I, 36; *Tusculanae Disputationes* I, 48; Ovídio, *Metamorphoses*, XI, 90, 146 ss.

36. Locução grega para dizer que se faz o próprio elogio αὐτὸς αὐτὸν αὔλετ (trad. literal, é seu próprio flautista).

37. Provérbio grego já citado e comentado por Erasmo nos *Adágios*, I, 4, 50.

38. Provérbio grego já citado e comentado nos *Adágios*, I, 9, 69.

39. Cf. nota 15.

40. Fálaris, ou Fólaris, cruel tirano de Agrigento (670-594 a.C.), cujo elogio foi escrito por Luciano de Samósata.

41. Cf. nota 17.

42. Cf. nota 18.

43. Locução já citada e comentada nos *Adágios*, I, 5, 73.

44. Lembrança de Homero, *Odisséia*, VIII, 325: δωτῆρες ἐάων.

45. Cícero, *Ad Atticum*, XIV, 13: *Non enim solum ex oratione, sed etiam ex vultu et oculis et fronte, ut aiunt* etc.

46. Cf. *Adágios*, I, 7, 10.

47. Cf. *Adágios*, I, 3, 66.

48. Locução proverbial grega; cf. *Adágios*, III, 7, 26. – Tales de Mileto (636?-546? a.C.), matemático e filósofo, fundador da Escola jônica, era um dos sete sábios da Grécia antiga.

49. A palavra foi criada por Luciano, *Alex.*, 40. Achamolo reproduzido em Rabelais, *Terceiro Livro*, XLVI: "Nosso *morósofo* Triboulet."

50. Cf. *Adágios*, II, 4, 84 e Ovídio, *Metamorfoses*, IV, 586.

51. Cf. *Adágios*, I, I, 35: "Um traço de caráter do burro é mexer de quando em quando a orelha, para mostrar que já compreendeu, ainda que não tenha entendido". Encontramos o mesmo provérbio em Rabelais, *Terceiro Livro*, *Prólogo*: "Aqueles que sacodem as orelhas como burros de Arcádia ao canto dos músicos".

52. O caos, isto é, "o espaço escancarado", estava, segundo Hesíodo, na origem do mundo: Πρώτιστα Χάοζ γένετο, *Teogonia*, 116.

53. Orco é o nome de uma velha divindade itálica dos infernos (antigamente *Uragus*, segundo Vérrio Flaco, em *Festo*, 222, 6) que os poetas latinos assimilam freqüentemente a Plutão.

54. Saturno, rei fabuloso da Itália, que os romanos sempre identificaram com o grego Cronos e que, em seguida, fizeram ser pai de Júpiter, Juno, Netuno, Plutão, Ceres e Vesta. Cf. Hesíodo, *Teogonia*, 507; Ovídio, *Met.*, I, 113.

55. Jápeto ou Iapeto, um dos Titãs, filho do Céu e da Terra, pai de Atlas, Prometeu, Epimeteu e Menécio, cujos descen-

dentes são amiúde designados pelo nome de Japetidas; cf. Homero, *Ilíada*, VIII, 479; Hesíodo, *Teog*. 507; Virgílio, *Geórgicas*, I, 278.

56. O deus da riqueza, filho de Jasão e de Ceres.

57. Hemistíquio freqüente dos poemas de Homero e Hesíodo, aplicado aqui paradoxalmente a Pluto.

58. Os grandes deuses eram em número de doze, segundo alguns autores, de vinte segundo Varrão.

59. Entender que, sem as libações dos sacrifícios, eles ficariam reduzidos ao néctar e à ambrosia. Cf. Luciano, *Dos Sacrifícios*, IX.

60. A Juventude (*Juventas* ou *Juventus* para os latinos, Hebe para os gregos), filha de Júpiter e Juno, esposa de Hércules no céu, deu-lhe um filho, Aniceto, e uma filha, Alexiara. Aqui Erasmo imagina que quando a Juventude (Hebe) servia a mesa dos deuses, foi amada por Pluto, de quem teve uma filha, a Loucura.

61. A expressão de Homero (*Odisséia*, VIII, 271; *Ilíada*, XVI, 295) é aplicada por Erasmo aos amores furtivos, que opõe aos laços do casamento: Vulcano, filho legítimo de Júpiter e Juno, nascer realmente manco e fraco.

62. Alusão à comédia de Aristófanes com este nome.

63. Expressão de Horácio, *Odes*, III, 14, 27.

64. Onde fora servido por Hebe (a Juventude).

65. Cf. Ovídio, *Metamorfoses*, VI, 333. – Alusão ao nascimento de Diana e Apolo, dados à luz por Latona na "ilha errante", que Júpiter fixou com correntes de diamante.

66. Alusão ao nascimento de Vênus Anadiômena, que sai "da espuma da onda".

67. Expressão da *Odisséia*, I, 73; IV, 403. – Alusão ao nascimento de Tétis e de suas irmãs, as Nereidas.

68. Ilhas que eram a morada dos Bem-aventurados, e que os geógrafos antigos localizavam mais além das colunas de Hércules (hoje nas Canárias). Cf. Plínio, VI, 36.

69. Citação da *Odisséia*, IX, 109. Cf. também Horácio, *Epod.* 16, 42 ss.: "Ganhamos os ricos campos, as Ilhas Afortunadas; ali, todos os anos a terra, sem ser cultivada, prodigaliza o trigo; a vinha, sem ser podada ali prospera; os ramos da oliveira ali brotam e nunca enganam; o figo maduro faz ali a beleza de uma árvore que não é enxertada; ali, o mel escorre do oco dos carvalhos; a ligeira água ali cai com ruído do alto das montanhas" (trad. F. Richard).

70. Cf. Horácio, *Epod.*, XVI, 61: "Ali os carneiros não temem doença nenhuma; ali os rebanhos não sofrem calores excessivos".

71. Confusão, ao que tudo indica, de Erasmo, que parece tomar por plantas comuns as cilas ou cebolas-do-mar de que fala Horácio nas *Sátiras*, II, 4, 58; II, 8, 42.

72. Cf. *Odisséia*, X, 305. O mólio é uma planta mágica, com raízes pretas e flores brancas, que Mercúrio dá a Ulisses para preservá-lo dos feitiços de Circe.

73. A panacéia é uma erva mágica que, segundo Plínio (*História natural*, XXV, II), cura, como o nome indica, todas as doenças.

74. Cf. nota 32.

75. Cf. Homero, *Odisséia*, IX, 84. É a erva dos Lotófagos, que habitavam, acredita-se, a costa da Líbia nas vizinhanças da pequena Sirtes.

76. O jardim das flores efêmeras. Cf. *Adágios* de Erasmo, I, I, 4.

77. Lembrança de Virgílio, *Bucólicas*, IV, 62-63:

*... Qui non risere parenti*
*Nec deus hunc mensa, dea nec dignata cubili est.*

(Quem não riu, criança, à mãe, não é digno da mesa dos deuses, nem do leito das deusas.)

78. Citação da *Ilíada*, II, 403 etc.

79. Amaltéia, cabra que amamentou Ulisses na ilha de Creta. Cf. Ovídio, *Fasti*, V, 165, ss.

80. Deusas inventadas por Erasmo, que, aliás, dá à segunda um nome grego que não se encontra em lugar algum, *Apedia* por *Apedêusia*.

81. Cf. nota 28.

82. Nome forjado por Erasmo para *Colacéia*, "A Lisonja".

83. Este nome encontra-se em Luciano, *Astrologia*, II, e designa a Preguiça, "inimiga do esforço".

84. Expressão homérica, *Odisséia*, XIII, 79.

85. Plínio, *História natural*, II, 5: *Deus est mortali juvare mortalem et haec ad aeternam gloriam via.*

86. Expressão bíblica: "Sou, diz o Senhor no *Apocalipse* (I, 8), o Alfa e o Omega, princípio e o fim".

87. Epíteto de Palas na *Ilíada*, V, 747.

88. Epíteto de Júpiter na *Ilíada*, I, 160, 470.

89. Denominação freqüente de Júpiter na *Ilíada*, cf. I, 125 e *passim*.

90. Cf. Virgílio, *Eneida*, IX, 106.

91. Cf. Ovídio, *Metamorfoses*, II, 848:

*... cui dextra trisulcis*
*Ignibus armata est...*

O mesmo Ovídio, no episódio de Faetonte, mostra o corpo do herói inflamado e fumegante "da chama trífida", *Flamma trifida*.

92. O semblante irascível e arredio como o dos Titãs. Cf. Luciano: τιτανῶέεζ βλέπειν, *Icaromênipos*, 23; *Tímon*, 54; *Philops.*, 22.

93. A barba longa era, com o manto (*abolla*) e o bordão, a insígnia dos filósofos de encruzilhadas, cínicos e estóicos. Cf. o provérbio grego ἐχ πώγωνοζ σοφόζ e Horácio, *Sátiras*, I, 3, 133; II, 3, 35.

94. Isto é, os números 1, 2, 3 e 4, que indicam os intervalos que servem de base para o sistema dos pitagóricos, sendo por esse quaternário que juravam os pitagóricos. Cf. Luciano, *Vit. auct.*, 4.

95. Alusão à invocação a Vênus que Lucrécio pôs como epígrafe do *De Natura*.

96. Cf. Horácio, *Odes*, I, 35, 12: *purpurei tyranni*.

97. Verso de Sófocles, *Ajax*, 554.

98. Cf. Sêneca, *Oedipus*, 607: *gravis senectus sibimet*.

99. Expressão de Luciano, *Saturn.*, 9. Cf. *Adágios* de Erasmo, I, 5, 36.

100. Cf. nota 68.

101. Expressão virgiliana, *Eneida*, VI, 715.

102. Cf. *Adágios* de Erasmo, IV, 2, 100.

103. Retorna às letras *A. M. O.*, isto é, ao verbo *amo*: recomeça a amar. Cf. Plauto, *Mercator*, 304.

104. Cf. *Ilíada*, I, 249.

105. Cf. *Ilíada*, III, 152.

106. Verso de Homero, *Odisséia*, XVII, 218.

107. Provável alusão à metamorfose de Dafne em loureiro. Cf. Ovídio, *Metamorfoses*, I, 452-567.

108. Provável alusão à metamorfose de Ceíce e de sua mulher Alcíone em martins-pescadores. Cf. Ovídio, *Metamorfoses*, XI, 410-742.

109. Alusão à metamorfose de Títhonos, irmão de Príamo. Cf. Ovídio, *Fasti*, VI, 473; Virgílio, *Eneida*, IV, 585.

110. Alusão à metamorfose de Cadmo. Cf. Ovídio, *Metamorfoses*, 571-603.

111. Epítetos que Horácio aplica a si mesmo quando se apresenta como "um porco do rebanho de Epicuro", *Epod.*, I, 4, 15-16:

*Me pinguem et nitidum bene curata cute vises,*
*Cum ridere voles Epicuri de gregue porcum.*

112. Cf. *Adágios* de Erasmo, II, 3, 59. – Arcanânia é a região que se estendia até o mar Jônico ao sul e a oeste, ao golfo de Ambrácia e ao Épiro ao norte e à Etólia a leste.

113. "Quanto mais velho é o holandês – diz o provérbio holandês – mais tolo fica", *Hoe ouder, oe botten Hollander.*

114. Sobre os talentos mágicos de Medéia, ver Ovídio, *Metamorfoses*, VII, 162 ss.

115. Sobre Circe, ver Homero, *Odisséia*, X, 137, e Ovídio, *Metamorfoses*, XIV, 10, 348, 399.

116. A filha de Mêmnon, rei dos etíopes, por sua vez filho de Títhonos e Aurora, obteve de Júpiter que esse transformasse em cigarra o avô Títhonos, que já obtivera dos deuses, graças aos pedidos de Aurora, a imortalidade, mas não a eterna juventude; desta forma ficou totalmente caquético e encarquilhado. Cf. Ovídio, *Metamorfoses*, XIII, 576-622.

117. Fáon, velho barqueiro de Mitilene, por ter feito uma travessia para Vênus sem aceitar pagamento, foi transformado por ela num belo e jovem homem por quem Safo se apaixonou. Sendo desprezada, Safo atirou-se do rochedo de Léucade. Cf. Ovídio, *Her.* XV; Luciano, *Diálogos dos mortos*, 9, 2.

118. Provável lembrança das *Geórgicas*, II, 380-396, onde Virgílio descreve o culto de Baco.

119. Isto é, mais louco que "o Lambuzado" (alcunha de Baco, segundo Ateneu): locução proverbial siciliana já recolhida por Erasmo nos *Adágios*, II, 9, I.

120. *Lambuzar... Móricos*, do grego *moryxai*, lambuzar.

121. Alusão às *Rãs* de Aristófanes, na qual este fala sem cerimônia de Dionísio (Baco), protetor da arte dramática.

122. Sabe-se que Baco era filho de Sêmele, filha de Cadmo, e que esta, a conselho de Juno que lhe apareceu sob um disfarce, rogou a Júpiter para se mostrar a ela em toda sua glória e do mesmo modo que ele se aproximava da própria Juno. A contragosto, Júpiter acedeu e mostrou-se a Sêmele em meio a raios e trovões; Sêmele, rodeada de chamas, deu à luz Baco antes do tempo, e ele ia morrer quando Júpiter o salvou, encerrando-o em sua coxa até seu perfeito desenvolvimento. Cf. Ovídio, *Metamorfoses*, III, 310; IV, II ss.

123. Epíteto de Saturno em Homero, de Prometeu em Hesíodo.

124. Pã, como os outros deuses silvestres, era temido pelos viajantes, aos quais, às vezes, aparecia inesperadamente, gelando-os de terror – um terror qualificado *pânico*.

125. Cf. Luciano, *Pseudo-Logista*, 32. Sófocles também qualifica Palas de deusa do olhar irascível, γοργῶπις, *Ajax*, 452.

126. Reminiscência homérica, *Ilíada*, VIII, 524.

127. Expressão homérica, *Odisséia*, VIII, 337.

128. Flora, deusa romana das flores e da primavera, tinha sua festa anual, as *Floralies* (28 de abril-1° de maio), marcada por orgias e divertimentos de todo tipo. Cf. Ovídio, *Fasti*, V, 183 ss.

129. Alusão aos sete casamentos de Júpiter, que, segundo Hesíodo, se casou com Métis, Têmis, Eurínone, Ceres, Mnemósine, Latona e Juno, uma de cada vez, e aos seus quase incontáveis amores com simples mortais, que todas, deusas ou mortais, lhe deram muitos filhos, postos na categoria de deuses ou semideuses.

130. É conhecido o amor que a deusa da lua sentiu pelo belo caçador Endimião. Vendo-o adormecido em cima do monte Latmo, na Cária, ela desceu para junto dele e prolongou indefinidamente seu sono para poder abraçá-lo todas as noites sem que ele soubesse. Cf. Cícero, *Tusc.*, I, 38; Propércio, *Elegias*, II, 15; Juvenal, *Sátiras*, X.

131. Momo, filho da noite (Hesíodo, *Teogonia*, 214), deus da zombaria e da crítica, censor dos costumes divinos, e que passava por ter censurado o homem formado por Vulcano (que não deixara no peito de sua criatura uma pequena abertura para que por ela se pudessem ver os seus pensamentos secretos), era sempre representado levantando a máscara e tendo na mão um cetro com guizos, símbolo da loucura. Cf. Erasmo, *Adágios*, I, 5, 74.

132. Ate, "a sedução", filha de Júpiter e da Discórdia, que levava ao erro e, por isso, à perdição os deuses do Olimpo. Foi atirada à Terra por Júpiter, por ter levado Juno a enganar Júpiter, fazendo Euristeu nascer antes de Hércules. Desde então, Ate percorre a Terra com rapidez incrível, e deleita-se

com as injustiças e calamidades. Cf. Homero, *Ilíada*, XIX, 91 ss., IX, 502; Hesíodo, *Teogonia*, 230.

133. Cf. *Ilíada*, VI, 138.

134. Alusão ao Príapo de que fala Horácio em sua oitava *Sátira* (I, 8, I): "Eu era outrora (é Príapo quem fala) um tronco de figueira" (*truncus... Ficulnus*).

135. Furtos e escamoteações evocadas numa ode de Horácio (*Odes*, I, 10): foi Mercúrio, lembra Horácio, quem furtou, ainda criança, os bois e as carcás de Apolo e que "escamoteou" Príamo, depois do saque de Tróia, sob os olhos atentos dos gregos.

136. Cf. Homero, *Ilíada*, I, 568; XVIII, 397.

137. Chamava-se *cordacismo* uma das danças grotescas, amiúde obscenas, que antecediam a comédia antiga na Grécia; os que se entregavam a essa dança procuravam imitar corpos muito mal feitos ou deformados em conseqüência de uma paixão (orgia, bebedeira). Cf. Aristófanes, *As nuvens*, 540 e 555; Petrônio, *Satyricon*, LII, 9. O cordacismo é representado numa xícara de mármore no museu do Vaticano: aí é dançado por cinco faunos e dez bacantes.

138. Isto é, dança dos pés descalços. Cf. Luciano, *De Saltatione*, XII.

139. Farsas oscas bem licenciosas, que tiraram o nome da velha cidade de Atela, na Campânia, entre Cápua e Nápoles. Cf. Tito Lívio, VII, 2; XXII, 61; XXVI, 16 ss.

140. Harpócrates, o deus do silêncio, que era representado tendo o segundo dedo diante da boca para recomendar o silêncio e a discrição. Erasmo já o mencionara nos *Adágios*, IV, I, 52.

141. Algum deus do Parnaso, onde se encontrava a célebre gruta de Corícia.

142. Cf. nota 131.

143. Lembrança de Cícero, *De Natura Deorum*, I, 8.

144. Isto é, uma proporção de 24 a 51.

145. Mesma idéia expressa por Aulo Gélio, XV, 25, 2.

146. Cf. *Timeu*, 90. – Esta passagem de Erasmo, citada por Tiraqueu, *De Lege Conn.*, I, 14, sem dúvida inspirou Rabelais, que escreve no cap. XXXII do *Terceiro Livro*: "Platão não sabe em que categoria deve colocá-las: se na dos animais racionais, ou na das bestas brutais; pois a Natureza lhes pôs dentro do corpo, em lugar secreto e intestino, um animal, um membro, que não existe nos homens..., de maneira que se a Natureza não lhes tivesse molhado a fronte com um pouco de vergonha, vós as veríeis, como desatinadas, tendo aventuras galantes."

147. Locução proverbial grega já recolhida por Erasmo nos *Adágios*, I, 4, 62, que significa: querer ensinar algo a alguém que não o pode compreender.

148. Adágio grego já recolhido por Erasmo, *Adágios*, I, 7, 10-11.

149. Idéias platônicas, retomadas aqui por Erasmo, e que Musset expressou em versos célebres:

*Les femmes, j'en conviens, sont assez ignorantes;*
*On ne dit pas tout haut ce qui les rend contentes;*
*Mais que voulez-vous faire? Elles ont la beauté...*
*Or la beauté, c'est tout: Platon l'a dit lui-même...*

(As mulheres, concordo, são bem ignorantes/Não se diz bem alto o que as deixa contentes;/Mas, que fazer? Elas têm a beleza.../Ora a beleza, é tudo: o próprio Platão o disse...)

150. A expressão de Erasmo, *barbae sylva*, lembra a de Juvenal (*Sátiras*, IX, 13): *silva comae.*

151. Cf. Villon, *Testament*, 325-326:

*Corps femenin qui tant es tendre,*
*Poly, souef, si precieux...*

(Corpo feminino que tanto és macio,/Polido, sedoso, tão precioso...)

152. "Tirar o rei na sorte", *regna vini sortiri talis* (cf. Horácio, *Odes*, I, 18), era, na Antiguidade, designar, através dos dados, o rei do banquete, *rex convivii* ("simposiarca", diziam os gregos), o qual dirigia os entretenimentos, fixava o número de taças que cada um devia beber, indicava os que cantariam.

153. *Passar-se a murta depois da canção*... A locução *ad myrtum canere* já fora recolhida por Erasmo nos *Adágios*, II, 6, 21.

154. Especialmente os estóicos e o Cícero de *De Finibus*, III, 51, e de *Laelius*, XIII, 47.

155. Adágio greco-latino já recolhido por Erasmo, *Adágios*, I, I, 8.

156. O tipo de silogismo mencionado por Quintiliano (*Inst. Or.*, I, 10, 5) é o seguinte: um crocodilo, tendo raptado uma criança, diz à mãe que lha devolverá se ela lhe disser exatamente a intenção dele a respeito da criança. "Não ma devolverás", diz a mãe. E, de fato, ele não a devolve. Então diz a mãe: "Devolve-ma, já que adivinhei tua intenção." – "Não, replica o crocodilo, pois se eu lha devolvesse, tu não terias dito a verdade." Cf. também Luciano, *Vit. Auct.* 22; Aulo Gélio, *Noctes Atticae*, I, 2, 4.

157. O tipo do sorites chifrudo mencionado por Quintiliano (*Inst. Or.*, I, 10, 5) é o seguinte: "Tens o que não perdeste; ora, não perdeste chifres; logo, tens chifres." Cf. também Luciano, *Banquete*, 23; Aulo Gélio, *N. A.*, XVIII, 2, 9.

158. Todos esses traços são tirados de Horácio, *Sátiras*, I, 3: "Quem não quer escandalizar seu amigo com sua corcunda deve perdoar-lhe as verrugas (versos 73-74)... os amantes são cegos para os defeitos e as feiúras de suas amantes, e uns até se deleitam com eles, como Balbino com o pólipo de Agna (versos 38-40)... do filho vesgo, o pai diz que tem o olhar de esguelha (versos 44-45)."

159. Erasmo cita dois versos da *Sátira* de Horácio (I, 3, 25-26): "Já que tens os olhos doentes, diz o poeta quando se trata de teus defeitos porque enxergas os de teus amigos com olhos tão penetrantes como os da águia e da serpente de Epidauro?"

Sabe-se como é penetrante o olhar da águia, e quanto à serpente de Epidauro, é o próprio Esculápio, reverenciado sob essa forma em Epidauro, pois a serpente é o símbolo da vigilância e da prudência necessárias ao médico. Cf. *Adágios* de Erasmo, I, 9, 96.

160. Provável lembrança da fábula de Fedro, IV, 9. Cf. também Catulo, XXII, 18; Pérsio, *Sátiras*, IV, 24.

161. Cupido freqüentemente era representado com uma venda nos olhos, porque o Amor não percebe os defeitos no objeto amado.

162. Citação de Teócrito, IV, 19.

163. Locução proverbial latina recolhida por Erasmo nos *Adágios*, I, 2, 62. Mesmo o termo *cascus* é arcaico (Varrão, Ênio). Cf. Cícero, *Tusc.*, I: *Prisc quos cascos Ennius appellat.*

164. Cf. nota 28.

165. Esta comparação entre Nireu, "o mais belo dos gregos na guerra de Tróia" (Homero, *Ilíada*, II, 671) e Tersistes, "o mais feio dentre eles" (Homero, *Ilíada*, II, 212), parece tirada de Ovídio, *Pórticos*, IV, 13:

*Tam mala Therisiten prohibebat forma latere*
*Qual pulchra Nireus conspiciendus erat.*

166. Sobre Fáon, ver acima, nota 117. Nestor, por sua idade, faz contraste com Fáon.

167. Cf. *Adágios* de Erasmo, I, I, 40.

168. Expressão de Marcial, *Epigr.*, X, 47, 12.

169. Cf. *Adágios*, II, 79.

170. Cf. Virgílio, *Eneida*, VIII, 2.

171. Segundo alguns autores, Demóstenes teria fugido em Queronéia.

172. Cf. Platão, *Apologia de Sócrates*, 20 D.

173. Cf. Platão, *Apologia*, 31 C; *Górgias*, 521 D; Xenofonte, *Memorabilia*, I, 6, 15.

174. Lembrança de Aristófanes, *As nuvens*, 146, 157.

175. Fato pitoresco relatado por Diógenes Laércio, II, 41.

176. Desconhece-se onde Erasmo pôde recolher esta história sobre o grande orador e filósofo grego de Lesbos (370-285 a.C.). Talvez, como supõe Kan, tenha entendido mal uma passagem de Cícero (*Tusc.*, V, 9, 24).

177. Locução proverbial recolhida por Erasmo nos *Adágios*, III, 8, 56, e IV, 5, 50.

178. Pelo menos como atesta Cícero, *De Oratore*, II, 3, 10.

179. Cícero.

180. O próprio Cícero fala do pavor (*summus timor*) que sentia habitualmente ao começar a falar. Cf. *Pro Roscio*, IV, 9.

181. Cf. *Inst. Orat.*, XI, I, 43.

182. Cf. *República*, V, 473 D. – A mesma passagem de Platão é citada assim por Rabelais (*Gargantua*, XLV): "É, disse Gargantua, o que afirmou Platão: que as repúblicas seriam felizes quando os reis filosofassem ou os filósofos reinassem".

183. Expressão de Santo Agostinho, *Cidade de Deus,* D 27, início (*philosophastium*).

184. Catão o Censor (234-149 a.C.), que atacou ferrenhamente os Cipões. Cf. Plutarco, *Catão*, VIII.

185. Catão de Útica (95-46 a.C.), bisneto de Catão o Censor, um dos chefes do partido aristocrático, aliado a Pompeu durante a guerra civil. Cf. Plutarco, *Cat. Min.*

186. O imperador Marco Aurélio (M. Aurelius Antoninus).

187. O imperador Cômodo (180-192 d.C.).

188. Era um bêbado. Cf. Plínio, *História natural*, XIV, 28; Sêneca, *Suasoriae*, VII, 13.

189. Locução proverbial grega. Cf. *Adágios*, I, I, 35.

190. Locução proverbial. Cf. *Adágios*, II, 7, 66.

191. "Que Catão, escreveu Marcial no prefácio de seu primeiro livro de *Epigramas*, não entre em nosso teatro, ou, se entrar, que seja espectador." São muitas as ilusões ao semblante "carrancudo" de Catão na literatura latina.

192. Locução proverbial. Cf. *Adágios*, III, 8, 56.

193. Tímon o Misantropo, que se retirou completamente do mundo, admitindo em seu convívio apenas Alcibíades. Cf. Aristóteles, *Lys.*, 808, 812; Plutarco, Alexandre, 16; Luciano, *Tímon* (obra traduzida por Erasmo em 1506).

194. Cf. Estácio, *Tebaida*, IV, 340:

*O saxis nimirum et robore nati!*

195. Anfião, em Tebas, tocava a lira com tanta arte que Mercúrio lhe concedera que as pedras, movendo-se por si mesmas, arranjassem-se ritmadamente pra formar os muros da cidade; e Orfeu, com a lira de Apolo, enfeitiçava e arrastava atrás de si os animais, as árvores e as pedras. Cf. Horácio, *Arte poética*, 391-396.

196. Pronunciado por Menênio Agripa durante a secessão da plebe romana no monte Sagrado (403 a.C.). Cf. Tito Lívio, II, 32; Dionísio de Halicarnasso, V, 44; VI, 96.

197. Este apólogo de Temístocles é relatado por Plutarco, *Se o Estado deve ser governado por um velho*, cap. XII.

198. Cf. Plutarco, *Sertório*, cap. XI e XX; Aulo Gélio, *Noites áticas*, XV, 22. Sertório soubera persuadir os bárbaros da Espanha de que estava em comunicação com os deuses por meio de uma corça branca que sempre o acompanhava.

199. Cf. Plutarco, *Da educação das crianças*, cap. IV: Licurgo, conta ele, tinha dois cães do mesmo tamanho, um treinado para a caça, outro não treinado. Um dia, para demonstrar aos espartanos a importância da educação e do treinamento, exibiu seus dois cachorros em público, colocando entre eles um comedouro e uma lebre. O cachorro treinado atirou-se contra a lebre, o outro precipitou-se para o comedouro.

200. Cf. Valério Máximo, VII, 3, 6:

"Não conseguindo convencer os lusitanos a não entrarem na batalha geral contra os romanos, diz Valério Máximo, Sertório soube, mediante engenhoso expediente, mudá-los de opinião. Mandou trazerem diante deles dois cavalos, um cheio de vigor, o outro extenuado; em seguida, ordenou a um velho fraco que puxasse um a um os pêlos da cauda do primeiro cavalo, e a um homem robusto e jovem que arrancasse de uma só vez a cauda do segundo. Ambos obedeceram as ordens; mas, enquanto o braço do jovem se fatigava em impotentes esforços, a débil mão do velho já cumprira sua tarefa. Como os bárbaros reunidos quisessem saber aonde Sertório queria chegar, ele disse: O exército romano é como a cauda de um cavalo; podemos destruí-lo com ataques parciais, mas querer aniquilá-lo em massa é entregar-lhe a vitória em vez de arrebatá-la dele. Foi assim que um povo bárbaro, grosseiro, difícil de conduzir e que corria para sua perda, viu com os olhos a utilidade de um conselho que não pudera passar por seus ouvidos".

201. A tradição conta que o rei de Creta, Minos, fazia seu povo crer que ele ia a cada nove meses a uma gruta, considerada de Júpiter, e que dela voltava inspirado pelo rei dos deuses. Cf. Homero, *Odisséia*, XIX, 178:

...ἔνθα τε Μ`ινωζ
ἐνγέωροζ βασὶλεωε Διὸζ μεγάλου ὀαριστήζ.

202. Numa Pompílio, segundo rei de Roma, fazia os súditos crerem que tinha como conselheira a ninfa Egéria, que o visitava num bosque perto de Roma. Cf. Tito Lívio, I, 19, 21; Plutarco, *Vida de Numa.*

203. Comparação decerto tirada de Horácio, *Ep.*, I, 5, 76, que chama o povo de "um animal de várias cabeças", *belua multorum capitum.*

204. Três Décios "devotaram-se" à pátria: o pai em Veseres (340), numa batalha entre os latinos e Mânlio Torquato, cf. Tito Lívio, XIII, 8; o filho em Sentinum (295), cf. Tito Lívio, X, 27; o neto em Aesculum (279), no decorrer da guerra contra Pirro, cf. Floro, I, 18, 21.

205. A tradição conta que em 363 a.C. a terra se entreabriu subitamente no Fórum e os augúrios declararam que o abismo aberto só poderia ser fechado se nele jogassem o tesouro mais precioso de Roma; então, Métio Cúrcio, jovem patrício, montou seu cavalo e, dizendo que Roma não possuía nada de mais precioso que um corajoso e generoso cidadão, atirou-se no abismo, que se fechou imediatamente sobre ele. Cf. Tito Lívio, XII, 6, 5; Valério Máximo, V, 67; Cícero, *De finibus*, II, 19, 61.

206. Lembrança de Horácio, *Sátiras*, II, 3, 183: "Vais desperdiçar teus bens nas distribuições de grãos-de-bico, de favas, de tremoços, para passear tua majestade no circo e ver-

te fundido em bronze (*aeneus ut stes*), depois de ter perdido, insensato, as terras e os escudos deixados por teu pai?" (trad. de F. Richard).

207. Alusão às apoteoses concedidas pelo Senado.

208. Cf. *Adágios* de Erasmo, IV, 4, 94.

209. Cf. Homero, *Ilíada*, XVII, 32; e *Adágios* de Erasmo, I, I, 30; IV, 8, 83.

210. Cf. Platão, *Banquete*, 215 A; Xenofonte, *Banquete*, IV, 13; Erasmo, *Adágios*, III, 3, 1. A comparação estabelecida por Alcibíades entre Sócrates e os Silenos era familiar aos humanistas do Renascimento, que a aplicavam a tudo que dissimulava, sob uma aparência engraçada ou vil, um fundo sério ou precioso: Pico della Mirandola, numa carta a Hermolaus Barbarus (Florença, 1495), compara aos Silenos de Alcíbiades seus exercícios filosóficos (*Angeli Politiane operum*, t. I, Lyon, p. 253); Budé também se serve desta comparação (*De studio litterarum recte instituendo*, ed. 1536, P. XVIII). E conhece-se o célebre trecho do Prólogo de *Gargantua*, no qual Rabelais, por sua vez, fala da comparação de Alcibíades, seja que a tenha tirado diretamente de Platão, seja que a tenha encontrado no adágio de Erasmo citado acima, seja, como conjetura com verossimilhança Abel Lefranc (R. E. R., VII, p. 134), que o tenha tirado de um livrinho que continha o adágio *Sileni Alcibiadis*, que, publicado primeiro por Froben, tivera seis edições de 1512 a 1528. Cf., sobre este ponto, *Rabelais*, edição Lefranc, t. I, prólogo, nota 32.

Notemos, enfim, que, além de usar a comparação dos Silenos neste trecho do *Elogio* e no já referido dos *Adágios*, Erasmo a emprega também no *Manual do soldado cristão* (ed. 1518, p. 62).

211. Um escravo. – Dama é o nome dado por Horácio a um vil escravo sírio, *Sátiras*, II, 5, 18; 7, 54; e I, 6, 38.

212. Cf. *Adágios* de Erasmo, I, 10, 47.

213. Lembrança de Virgílio, *Eneida*, VII, 641.

214. Cf. especialmente Sêneca, *Epístolas*, IV, II; LXXXIX, 13; Pérsio, *Sátiras*, V, 96-119.

215. Cf. Platão, *Timeu*, 29 A, 31 A.

216. Onde, dizia-se, o único habitante era Platão. Cf. Luciano, *História verdadeira* 115.

217. Que não existem em nenhum lugar. Cf. Erasmo, *Adágios*, II, I, 46.

218. Citação de Virgílio, *Eneida*, I, 471. – O rochedo Marpesiano designa um rochedo do monte Marpésio, na ilha de Paros, de onde se extraía um mármore famoso.

219. Cf. *Adágios* de Erasmo, II, I, 54. – Trata-se de Linceu, filho de Afareu e Arena, irmão de Idas e um dos Argonautas, cuja visão penetrante se tornara proverbial, decerto por confusão com o lince. Cf. Horácio, *Epodos*, I, I, 28.

220. Cf. Lucílio: "O sábio é o único ser no mundo que terá tudo, apenas ele será declarado belo, rico, livre, rei", e Horácio, *Epodos*, I, I, 106-107:

*Ab summam, sapiens uno minor est Jove, dives,*
*Liber, honoratus, pulcher, rex denique regum.*

"Em suma, o sábio tem um único mestre, Júpiter; é rico, livre, honrado, belo, é o rei dos reis", e também *Sat.*, I, 3, 124-125.

221. Cf. Homero, *Ilíada*, VIII, 51.

222. Aulo Gélio (*N. A.*, XV, 10) faz alusão, segundo Plutarco, a uma epidemia de suicídios que grassava entre as jovens de Mileto.

223. Diógenes o Cínico, que, segundo alguns autores, voluntariamente pôs fim à vida por enforcamento.

224. Xenócrates de Calcedônia (396-314 a.C.), que por vinte e cinco anos presidiu a Academia e morreu por suicídio ou acidente. Cf. Cícero, *Tusc.*, V, 32; Diógenes Laércio, II, 2, 11; IV, 2, 12.

225. Catão de Útica, filósofo estóico e político, que, após a derrota dos pompeianos e dos republicanos em Tapso, pôs fim à vida em Útica depois de passar grande parte da noite a ler o *Fédon* de Platão. Cf. Luciano, *Phars.* etc.

226. C. Cassius Longinus, partidário da doutrina de Epicuro, político, assassino de César, que, após a vitória de Antonio sobre suas tropas em Filipos, ordenou a seu liberto que desse fim à sua vida (42 a.C.).

227. M. Junius Brutus, grande apreciador da filosofia, político, assassino de César, que se suicidou após a vitória de Antonio em Filipos (42 a.C.).

228. Quirão, filho de Saturno e Fílira, "o mais sábio e mais justo de todos os Centauros", que, ferido acidentalmente por uma flecha envenenada de seu amigo Hércules em sua luta contra os outros Centauros, preferiu morrer, mesmo sendo imortal, a continuar a viver e deu sua imortalidade a Prometeu. Cf. Luciano, *Diálogo dos mortos*, XXVI; Ovídio, *Metamorfoses*, II, 676; Horácio, *Epodos*, XIII.

229. A velhice de Nestor, rei de Pilos que reinara sobre três gerações de homens, passara a ser um provérbio entre os autores antigos. Cf., especialmente, Marcial, *Epigr.* IX, 29.

230. As palavras usadas por Aristófanes para descrever Pluto, *Pluto*, 266-267.

231. A palavra νεανίζειν usada aqui por Erasmo acha-se em Plutarco (*Flam*; XX) e tem o mesmo sentido que o vulgar νεάνιευεσθαι. Cf. *Adágios* de Erasmo, IV, 1, 83.

232. Aristófanes, em *Pluto*, verso 1024, fala de uma "velha cheirando a bode" χαπρῶσα γραῦς. Cf. *Adágios* de Erasmo, I, 9, 9.

233. Cf. Marcial, *Epig.* X, 90.

234. Lembrança de Horácio, *Epodos*, VIII, 7: "Crês excitarme talvez, diz o poeta a uma velha, com teu peito e teus seios murchos como os de uma égua?"

235. Lembrança de Horácio, *Odes*, IV, 13, 5-6: "Tornas-te velha, e no entanto, queres parecer bela; gracejas e bebes sem pudor, e depois de beberes, solicitas com um queixume tremulante um desejo que enlanguesce."

*Et cantu tremulo pota cupidinem*
*Lentum sollicitas...*

236. "Procurar o poste (ou a árvore) para se enforcar", locução proverbial já recolhida por Erasmo nos *Adágios*, I, 10, 21.

237. Lembrança de Horácio, *Sátiras*, I, 1, 66:

*Sic solitus: "Populus me sibilat; at mihi plaudo".*

238. Tot, deus dos egípcios, que Platão celebra em *Fedro* como o inventor dos números e do alfabeto. (*Fedro*, 274 C e D.)

239. O rei tebano Tamus. Cf. *Fedro*, loc. cit.

240. Demônios (*daêmones*), de *daênai*, saber... Etimologia contestada. Cf. Platão, *Crátilo*, 396 B.

241. Frase de Macróbio, *Saturnálias*, III, 17, 10: *Leges bonae ex malis moribus procreantur.*

242. Citação de Homero, *Ilíada*, XI, 514.

243. Palavras de Sócrates em Platão, *Górgias*, 463 A.

244. Cf., entre outros autores, Virgílio, *Geórgicas*, IV, 153 ss.; Plínio, *História natural*, XI, 4.

245. Expressão virgiliana, *Eneida*, XI, 418.

246. O galo de Luciano em *O sonho ou o galo*, que Erasmo traduziu.

247. Cf. nota 21.

248. Epíteto homérico.

249. Desafortunados (δειλούς), sim; calamitosos (μοχθηρούς), em nenhum lugar.

250. Cf. *Odisséia*, V, 436.

251. O dito é de Cícero, *De Senect.*, II, 5: "Que é combater contra os deuses à moda dos gigantes senão declarar guerra à natureza?"

252. O entimema, "assim chamado, diz Philopon, porque a inteligência a que ele se dirige pensa, por si mesma, a proposição que não está expressa", é um silogismo imperfeito ao qual falta, ou a maior, ou a menor. Cf. Cícero, *Top.*, XIII-XIV; Quintiliano, V, 10, 1, 2 e 5; XIV, 1.

253. "Pela opinião, conselho e predição de loucos, sabeis quantos príncipes, reis e repúblicas foram mantidas, quantas batalhas ganhas, quantas perplexidades resolvidas", diz Pantagruel a Panurgo no *Terceiro livro* de Rabelais. O lugar do

*fou du roi* (louco do rei) tornara-se na França um verdadeiro cargo, ocupado por titulares que se sucediam. Os mais famosos foram Thèvenin, *fou* de Carlos V; Triboulet, *fou* de Luís XII e de Francisco I, chamado de *morósofo* por seus sábios conselhos. (N. T.)

254. Citação de Pérsio, *Sátiras*, I, 107.

255. Cf. *Banquete*, 217 E.

256. Citação de Eurípedes, *As bacantes*, 369.

257. Não Eurípedes, mas um pseudo-Eurípedes, *Resus*, 394: Φιλῶ λέγειν τἀληθὲς αἰεὶ χοὐ διπλοῦς πέφυχ'ἀν ἠρ.

258. Citação de Juvenal, *Sátiras*, III, 30.

259. Como o sátiro da fábula. Cf. Esopo, LXIV; Erasmo, *Adágios*, I, 8, 30.

260. Cf. *Banquete*, 180 D.

261. Citação das *Odes*, III, 4, 5.

262. Cf. *Fedro*, 244 A.

263. Cf. *Eneida*, VI, 135;

*et insano juvat indulgere labori.*

264. Cf. *Cartas*, III, 13, 2.

265. Cf. *Epístolas*, II, 2, 133-135.

266. Cf. Horácio, *Ep.* II, 2, 138-140.

267. Cf. Teógnis, 336; e *Adágios* de Erasmo, III, 1, 55.

268. "Rico como Creso" é um adágio já recolhido por Erasmo, *Adágios*, I, 6, 74 C.

269. Dito de Plínio, *História natural*, VII, 41: *Nemo mortalium omnibus hores sapit.*

270. Lembrança de Horácio, *Ep.*, I, 1, 100:

*Diruit, aedificat, mutat quadrata rotundis.*

271. Citação de Propércio, *Elegias*, II, 10, 6.

272. O cabo Maleu, promontório da Lacônia, que separava os golfos Argólico e Lacônico, era célebre por seus escolhos. Há no texto latino um jogo de palavras que não pudemos conservar, entre *alea* e *Malea*.

273. É a passagem de Horácio (*Sátiras*, II, 7, 15-18), sobre o bufão Volanério, "que, quando a justiceira gota lhe entortou

as articulações, pagou a um substituto para apanhar em seu lugar os dados e colocá-los no copinho".

274. Adágio que se acha em Pérsio, *Sátiras*, V, 115, já recolhido por Erasmo em seu volume III, 5, 44.

275. Talvez Erasmo esteja pensando no *Filopseudo* de Luciano, um dos quatro diálogos do mestre de Samósata, que seu amigo Tomás Morus traduzira para o latim.

276. São Cristóvão, "o Polifemo cristão", "o Hércules cristão", que nasceu na Síria ou na Palestina, foi batizado por São Bábilas, bispo de Antioquia, e martirizado sob o imperador Décio, era particularmente venerado na Idade Média, quando se multiplicaram suas efígies. Acreditava-se que bastava olhar uma dessas imagens para ficar preservado o dia inteiro contra a água, o fogo e os tremores de terra. Era costume representá-lo em proporções colossais (segundo a tradição, tinha 4 m de altura) e foram-lhe erigidas sobretudo estátuas que em geral eram encostadas ao primeiro pilar das igrejas. A de Notre-Dame de Paris, que era de 1413, foi destruída em 1784 por ordem do capítulo. Citam-se como as mais célebres gravuras sobre madeira que o representam as de Martim Zagel, de Israël von Mecken, de Albert Dürer (duas peças, uma de 1511, outra de 1525), de Beham (1520), de Aldegrever (1527), que o representou sentado, tendo-o todas as outras representado em pé. A placa dessas efígies era em geral acompanhada por inscrições deste gênero:

*Chistophori sancti speciem quicunque tuetur*
*Illo namque die nullo langore tenetur.*

(Quem quer que olhe a imagem de São Cristóvão não sente por um dia nenhum enfraquecimento.)
– Ou ainda esta:

*Chistophori faciem die quacumque tueris*
*Illa nempe die morte mala non morieris.*

(Qualquer dia em que olhes a face de São Cristóvão, estarás certo de nesse dia não morrer de má morte...)

Erasmo também fala de São Cristóvão no *Manual do soldado cristão*, t. V, p. 26.

277. Santa Bárbara, virgem e mártir, decapitada pela fé em Nicomédia, por volta de 235, teve como carrasco o próprio pai, que era pagão, e morreu, é o que consta, fulminado quando deu o último golpe na filha. Por isso, Santa Bárbara tornou-se a padroeira dos artilheiros, porque o canhão é o raio da guerra. Conhece-se o quadro célebre de Jan van Eyck (1437), que está no museu de Antuérpia.

Erasmo também menciona a santa em seu *Manual*, t. I, cap. I.

278. Santo Erasmo, vulgarmente chamado Santo Elmo ou Santo Ermo, prelado e mártir, morto em cerca de 305, que foi bispo de Formiere, na Itália, sob os imperadores Domiciano e Maximino. Segundo os hagiógrafos, sofreu um horrível martírio, que mais de uma vez foi reproduzido pelos pintores. "É Santo Erasmo, diz A. De Lacaze, que é invocado pelos marinheiros do Mediterrâneo contra as tempestades. É por isso que dão o nome fogo de Santelmo a um fenômeno elétrico que ocorre amiúde no mar, no alto da mastreação dos navios durante os dias tempestuosos. Manifesta-se sob a forma de um penacho brilhante ou de pequenas girândolas de fogo que cintilam no alto dos mastros e andam pelos cordames colocados na mesma altura."

O santo também é invocado por quem quer fazer fortuna, como lembra Erasmo, e sua ajuda é requisitada também em algumas doenças.

279. Santo Hipólito, bispo e mártir, que, segundo Eusébio, viveu na primeira metade do século III, e a quem se atribui certo número de obras recolhidas por Fabrícius (Hamburgo, 1716/1718, 2 vol. *in-folio*).

Lê-se nos *Atos dos mártires* que Santo Hipólito, denunciado pela turba como o chefe dos cristãos, foi levado ao prefeito de Roma que, ouvindo seu nome, exclamou: "Pois bem! Que seja tratado como o filho de Teseu e arrastado pelos cavalos!" Amarraram o santo pelos pés a uma corda passada entre dois cavalos, que excitaram a chicotadas, os quais puxaram o confessor para o meio de espinheiros.

280. Pois São Jorge, confessor e mártir, morto em 303 sob Diocleciano, é célebre por ter vencido, montado em seu cavalo, o dragão, como Hércules havia vencido a hidra de Lerna.

281. As indulgências. Cf. *Manual* de Erasmo, t. V, p. 167 E.

282. O lobo criminoso. Alusão ao pântano lendário onde Hércules matou a hidra monstruosa.

283. Não tendo querido indicar a São Bernardo os sete ventos em questão: "Não importa, diz-lhe o santo; lerei todos os dias o Saltério inteiro, e, assim, necessariamente, os sete segredos mágicos."

284. O caso parece ser tirado de Ausônio, *Epigramas*, X: "Uma mulher adúltera, diz o poeta, deu veneno ao marido ciumento e julgou não ter dado o suficiente para matá-lo. Acrescentou-lhe uma quantidade mortal de mercúrio, para que a terrível força do tóxico apressasse o fim. Se estes dois corpos estão isolados, ambos são venenosos, mas é como tomar um antídoto bebê-los juntos. Portanto, enquanto os líquidos mortíferos combatiam um contra o outro, o salutar ganhou do maléfico. Imediatamente eles escoaram para as profundezas ocas do ventre, caminho habitual por onde escorregam os resíduos dos alimentos. Que santa providência a dos deuses! Um bem resulta de excessiva crueldade de uma esposa, e, quando quer o destino, a mistura de dois venenos é útil" (trad. M. Jasinscai).

285. Erasmo cita, fazendo-lhe algumas mudanças, três célebres versos de Virgílio, *Eneida*, VI, 625-627.

286. Cf. Sêneca, *De Brevitate Vitae* XX, *passim*.

287. Os carpidores e as carpideiras pagos. Cf. Horácio, *Ars Poetica*, 431: *qui conducti plorant in funere*.

288. Lembrança de Juvenal, *Sátiras*, VIII, 181-182: "Mas vós, descendentes dos troianos, vós vos perdoais tudo, e o que causaria vergonha a um homem do povo será para os Vólesos e Bruto uma honra."

289. Lembrança de Juvenal (cf. nota anterior), que fala dos descendentes dos troianos, logo, de Enéias (*Sátiras*, VIII, 181) e nomeia Bruto (*id.*, 182).

290. Arcturo ou Icário, amigo ateniense de Baco, morto por pastores bêbados e cuja filha, Erígone, se enforcou de desespero ao saber de sua morte, foi posto no céu por Júpiter, que o transformou na constelação de Boieiro, enquanto Erígone se tornava a de Virgem. Cf. Cícero, *De Natura Deorum*, II, 42, 110:

*Stella micans radiis, Arcturus nomine claro.*

291. Cf. nota 28.

292. Cf. nota 165.

293. Euclides de Alexandria (323-283 a.C.), fundador da escola matemática de Alexandria.

294. M. Tigélio Hermógenes, cantor célebre, nascido em Sardes, protegido por Augusto, e que Horácio (*Sátiras*, I, 3, 129) chama de *optimus cantador et modulator.*

295. Citação de Juvenal, *Sátiras*, III, 90-91.

296. Cf. *Epístolas*, XXVII, 5.

297. Cf. Erasmo, *Adágios*, I, 10, 71.

298. Erasmo alude freqüentemente em suas *Cartas* ao gosto dos ingleses pela boa mesa.

299. A Sorbonne da época... Cf. Erasmo, *Cartas*, 610, coletânea de Allen, t. III.

300. Cf. Erasmo, *Cartas*, 466, coletânea de Allen, t. II.

301. "Erasmo, assinala M. Renaudet, talvez esteja pensando no monge beneditino Jean Trithème (1462-1516), abade de Spanheim, depois de São Tiago de Wurtzburg, humanista e historiador que teve uma grande reputação de mágico".

302. Cf. Horácio, *Ep.*, I, 18, 6.

303. Provérbio aplicado aos imbecis que se admiram e se elogiam mutuamente. Cf. *Adágios*, I, 7, 76.

304. Cf. Platão, *Górgias*, 463 A.

305. Erasmo pensa sobretudo em Cícero. Cf. *De Oratore*, II, 10, 42.

306. Cf. nota 280.

307. Cf. nota 276.

308. Cf. nota 277.

309. Provável reminiscência da célebre passagem de Lucrécio sobre as ilusões do amor.

310. O pintor mais célebre da Grécia, contemporâneo de Alexandre. Cf. Plínio, XXXV, 10.

311. Célebre pintor grego do fim do século V a.C. Cf. Plínio, XXXV, 9; Luciano, *Zeuxis*.

312. Por certo a que se entender um indivíduo chamado Morus.

313. Platão, *República*, VII, início.

314. A personagem de *O sonho ou o galo*, acordada pelo canto do galo. Cf. início do diálogo.

315. Os sete Sábios, nome dado a sete gregos do século VI a.C.: Tales de Mileto, Pítaco de Mitilene, Biás de Priena, Cleôbulo, Míson, Quílon e Sólon. Outros incluem entre os sete sábios Periandro e Anácarsis.

316. Citação de Horácio, *Ep.*, I, 15, 19.

317. Hércules presidia aos enriquecimentos. Cf. Pérsio, *Sátiras*, II, 10-12: "O vaso repleto de moedas! Se uma delas fosse tinir sob minha enxada, pela graça de Hércules!"; Petrônio, *Satyricon*, LXXXVIII: "Então, novo Hércules, Demócrito consegue extrair o suco de todas as ervas e, para descobrir a virtude das pedras e das plantas, consumiu a vida fazendo experiências."

318. Mavorte ou Marte, antiga divindade itálica identificada mais tarde com o deus grego Ares, é o mesmo deus que o Mamers dos oscos.

Como Lucrécio (I, 32), como Virgílio que chama sete vezes Marte de Mavorte, como muitos poetas latinos, Erasmo diverte-se aqui em dar ao deus da guerra seu nome primitivo.

319. Como em Homero, *Ilíada*, I, 10 e 51.

320. Gênios maus, cujo nome, *Vejovis*, designava primitivamente uma divindade etrusca maléfica, que causava a surdez com seus raios, antes mesmo de os ter lançado, e que foi assimilada a Júpiter criança. Cf. Ovídio, *Fasti*, III, 429 e ss.: "Mas talvez a novidade desse nome vos contenha? Sabei então qual

é este deus e por que assim é chamado. É Júpiter em sua juventude. Olhai esse jovem rosto e olhai em seguida sua mão: ela não segura o raio. Pois Júpiter só se armou com o raio quando os Gigantes ousaram tentar a conquista dos céus: no início ele estava sem armas; foi com seu fogo recém-criado que inflamou a Ossa, e mais o Pélio que a encimava, e o Olimpo solidamente enraizado na terra. Ali se vê também a cabra que as Ninfas de Creta faziam pastar, dizem, e que dava seu leite a Júpiter criança. Mas volto ao nome. Os camponeses chamavam de *vegrandis* o grão que cresceu insuficientemente e dão o nome de *vesce* ao que é bem pequeno. Se este é o significado deste prefixo, não tenho toda razão de supor que o templo de *Vejovis* nada mais seja senão o de Júpiter ainda não adulto?" Como Erasmo, Rabelais, *Gargantua,* XLV, decerto se lembra desta passagem de Ovídio quando escreve: "Os poetas inventam uma porção de Vejoves e deuses malignos."

321. Cf. nota 132 e *Ilíada*, IX, 504.

322. Cf. *Adágios* de Erasmo, I, 3, 81.

323. Como acontecera a Discórdia por ocasião das núpcias de Peleu e Tétis.

324. Como acontecerá à própria Diana. Cf. Ovídio, *Metamorfoses*, VIII, 276.

325. Sacrificavam-se a uma deusa de Táurida, que os gregos identificaram com Ártemis e os romanos com Diana, todos os estrangeiros lançados à costa do país por um naufrágio. Cf. Heródoto, IV, 103; Ovídio, *Epistolae ex Ponto*, III, 2, 53; *Trist.*, IV, 4, 63.

326. Sobre o culto "grosseiro" das imagens, cf. Erasmo, *Manual*, V, 32 F.

327. Febo Apolo, deus do sol, era particularmente reverenciado na "clara Rodes" onde foi erigida em sua honra a famosa estátua de bronze de 46,20 metros de altura, conhecida pelo nome de *colosso de Rodes*. Cf. Plínio, *História natural*, II, 163.

328. A ilha de Chipre era um dos principais centros do culto de Vênus, que aí fora introduzido pelos fenícios. A deu-

sa era particularmente reverenciada em Pafos e em Amatonte. Cf. Horácio, *Odes*, I, 3, 1: *diva potens Cypri.*

329. Era em Argos que se encontrava o templo mais célebre de Juno, com sua gigantesca estátua de ouro e marfim, obra de Policleto. Cf. Horácio, *Odes*, I, 7, 8-9:

*Plurimus in Junones honorem*
*Aptum dicet equis Argos ditesque Mycenas.*

330. Minerva ou Palas era a deusa epônima de Atenas, onde se elevava seu templo, o Partenon, e onde estava erigida sua colossal estátua de 55 metros de altura, toda de ouro e marfim, obra ilustre de Fídias. Cf. Horácio, *Odes*, I, 7, 5, que chama Atenas "a cidade da virgem Palas" *intactae Palladis urbem.*

331. Foi no cume do monte Olimpo, às vezes encoberto por nuvens, e o mais alto da Grécia, que os poetas colocaram a morada do rei dos deuses e dos outros grandes deuses.

332. Netuno era objeto de um culto particular em Taranto, cidade fundada por seu filho Taras. Cf. Horácio, *Odes*, I, 28, 29: *Neptuno... sacri custode Tarenti.*

333. Sabe-se que Príapo, a quem os poetas dão algumas vezes o nome de Lampsaceno ou Helespôntico, fora criado em Lâmpsaco, às margens do Helesponto, e ali se tornara objeto da veneração pública. Cf. Virgílio, *Geórgicas*, IV, III.

334. Mil filósofos do gênero de Demócrito de Abdera (s. V a.C.), que via sempre o lado engraçado das coisas e ria das loucuras dos homens.

335. O trecho a seguir contém inúmeros empréstimos de *Icaromênipos* de Luciano.

336. Reminiscência de Horácio, *Ep.* I, 15, 32:

*Quicquid quaesierat ventri donabat avaro.*

337. Alusão aos captadores de testamentos. Cf. Horácio, *Sátiras*, II, 5, 23-24, e Petrônio, *Satyricon*, CXVII e CXXV.

338. Cf. Juvenal, *Sátiras*, I, 37-39: "A situação mais privilegiada pertence aos que ganham heranças com suas noites, que sabem o melhor caminho para fazer fortuna, isto é, que passam pela bexiga de uma velha mulher rica."

339. O comércio, sob a República Romana, era considerado indigno dos patrícios e até dos cavaleiros; era deixado aos libertos. Cf. Cícero, *De officis*, I, 42.

340. Sobre o "comunismo" dos pitagóricos, cf. *Adágios*, I, I, 1.

341. Em Compostela.

342. Cf. nota 335.

343. Cf. nota 334.

344. Sobre a reputação pouco lisonjeira dos gramáticos, cf. Melanchthon, *Declam. De Nis. Paedag.*

345. Um epigrama de Paladas, *Anthol. Pal.*, IX, 175: "O início da gramática (aprendida na *Ilíada*) é uma maldição em cinco versos. Acho, no primeiro, *a cólera*. No segundo, *funesta*; após *funesta* vêm ainda os inúmeros *sofrimentos* dos gregos. O terceiro conduz as *almas ao inferno*; o quarto fala de *presa* e de *cães devoradores*; o quinto, de *aves vorazes* e do *furor de Júpiter*. Como, portanto, o gramático, com palavras de tão *mau* augúrio não seria cumulado de *males*?"

346. Juvenal, *Sátiras*, VII, 225-227, fala dos gramáticos "que respiram o fedor de tantas lamparinas quantas crianças há na classe, com seu Horácio desbotado e seu Virgílio negro de imundícies".

347. Cf. *Adágios* de Erasmo, I, 3, 66 e I, 7, 12.

348. O célebre tirano de Agrigento (670-594 a.C.). Cf. nota 40.

349. Dionísio o Velho ou Dionísio o Moço, tiranos de Siracusa, no século IV a.C.

350. "Querem, diz Juvenal (*Sátiras*, VII, 234 e ss.), que o gramático possa dizer o nome da aia de Anquises ou da sogra de Anquêmolos com seu lugar de nascimento, dizer quantos anos viveu Alceste e quantos odres de vinho da Sicília deu de presente aos frígios."

351. Palemão, célebre gramático do tempo de Tibério e de Cláudio. Cf. Suetônio, *Vita Grammat.*, XXIII; Juvenal, *Sátiras*, VII, 215-216: "Quem dá, pois, a Célado e ao douto Palemão o valor de seus trabalhos de gramática?"

352. Donato, célebre gramático do século IV d.C., que teve por aluno São Jerônimo, e cuja *Gramática latina* serviu de base para a maioria dos trabalhos do gênero, desde aquela época até nossos dias. Deixou comentários sobre Virgílio e sobre Terêncio.

353. Cf. Juvenal, *Sátiras*, VII, 234, e a nota 350.

354. *Busequa* (*bos, sequor*), equivalente de *bubulcus*, "vaqueiro", que se encontra em Apuleio, *Metamorfoses*, VIII, 1; *Apologia*, 10.

355. Termo que significa "chicaneiro, brigão" que se encontra em Nônio Marcelo, *De Compendiosa Doctrina* (ed. Lindsay, 1903), 79; e num fragmento de Lucílio, citado por Aulo Gélio, II, 7, 9.

356. Palavra que significa "cortador de bolsas", derivada de *mantica*, alforje, sacola, que se encontra em Pacúvio, *Tragédias*, frag. 376 (ed. Ribbeck).

357. Provérbio grego para dizer: "realizar uma façanha quase impossível".

358. Aldo Manucio o Velho, chefe da ilustre família de impressores italianos que são designados pelo nome de Aldos (1450-1515), compôs e imprimiu, além de edições eruditas de Aristóteles, Platão, Ésquilo, Aristófanes, Sófocles, Píndaro, Teócrito etc., uma *Gramática latina* (Veneza, 1501), várias vezes reeditada, e uma *Gramática grega* (Veneza, 1515). Amigo de Angelo Poliziano, de Pico della Mirandola e de Erasmo, havia publicado, em setembro de 1508, os *Adágios* deste último, que fora durante oito meses seu hóspede ou, mais exatamente, de seu padrasto F. d'Asola. Cf. *Colóquios* de Erasmo, *Opulentia Sordida* e Pierre de Nolhac, *Érasme et l'Italie*, pp. 29-36; *Érasme en Italie*, nova edição, pp. 31-52, e apêndices, pp. 133-134.

359. Um provérbio citado por Luciano, *Sobre as imagens*, cap. XVIII. Cf. *Adágios* de Erasmo, III, 1, 48.

360. Lugar-comum poético, encontrado especialmente em Horácio, um dos poetas prediletos de Erasmo, *Odes*, IV, 8, 28-29:

"A Musa impede a morte do herói digno da glória; a Musa dá-lhe a felicidade no céu", e IV, 9, 25-29:

"Houve bravos antes de Agamenon. Mas não foram chorados, permanecem desconhecidos, imersos numa noite profunda, porque não foram cantados por um poema sagrado." E, enfim, a célebre *Ode* (III, 30):

*Exegi monumentum aere perennius...*

361. Cf. *Rhetorica ad Herennium*, I, 6, 10: "Se a atenção do auditório se dispersa, começaremos por algo que possa fazê-lo rir: apólogo, história verossímil, piada, antífrase, palavra de duplo sentido, subentendidos, gracejos, *loucura*, exagero, aproximação, trocadilho, tirada inesperada, paralelo, anedota inventada ou histórica, citação de um verso, interpelação ou aprovação irônica dirigida a alguém."

362. O capítulo III do livro VII da *Institutio Oratoria*.

363. Alusão a uma passagem do *De Oratore* de Cícero (II, 6, 25).

364. "Tu vais pensar, diz Horácio a Mecenas (*Sátiras*, I, 1, 120), que pilhei os cofres de Crispino o *remelento*: não acrescentarei uma palavra sequer."

365. Cf. Horácio, *Odes*, IV, 3, 21-23: "É unicamente a ti que devo o fato de ser apontado pelos passantes como o poeta que faz ressoar a lira latina."

366. Os três nomes dos romanos: o nome, o gentílico e o sobrenome. Cf. Juvenal, *Sátiras*, V, 125-127:

*Duceris planta....................*
*Et ponere foris, si quid temptaveris unquam*
*Hiscere, tanquam habeas tria nomina,*

(Serás arrastado pela planta dos pés e posto para fora, se tiveres a infelicidade de riscar uma palavra, a pretexto de teres três nomes), e Ausônio, *Propriedades do número três*, 80:

*Tres equitum turmae, tria nomina nobiliorum.*

(Há três esquadrões de cavalaria, três nomes para os nobres.)

367. Erasmo escreve Stelenus, provável lapso para Estênelo, filho de Capaneu e Evadne, que comandava os argi-

vos sob Diomedes, na guerra de Tróia. Cf. *Ilíada*, II, 564; XXIII, 511.

368. O pai de Ulisses. Cf. Ovídio, *Heroides*, I, 113.

369. Erasmo por certo não nomeia aqui o famoso tirano de Samos, mas sim o sofista ateniense, pois une seu nome ao do sofista Trasímaco de Calcedônia, contemporâneo de Górgias (Cícero, *De Orat.*, XII, 39; XIII, 41).

370. Cf. nota 369.

371. À maneira dos aristotélicos, que usavam letras do alfabeto à guisa de números e signos.

372. Lembrança de Horácio, *Ep.*, II, 2, 99-100:

"Quando nós nos deixamos, sou um Alceu; e ele, que pode ser, senão um Calímaco?"

373. Citação de Virgílio, *Eneida*, II, 39.

374. Locução proverbial recolhida por Erasmo nos *Adágios* (II, 3, 40): "rolar a rocha de Sísifo" significa fazer um trabalho esgotante, estéril e infinito.

375. Erasmo decerto visa aos glosadores do *Corpus Justinianum* (Código Justiniano, Digesto e Instituições ou Institutas), cujas glosas (séculos XII-XIV) acabaram por ter força de lei.

376. O bronze dos vasos suspensos em galhos de carvalhos de Dodona em Epiro, que, quando o vento agitava as árvores, se chocavam entre si e cujo som era interpretado pelos sacerdotes, mais tarde pelas sacerdotisas de Júpiter. Cf. Homero, *Ilíada*, II, 750; *Odisséia*, XIV, 327; Heródoto, II, 57; VII, 185; Lucano, *Pharsalia* VI, 427; Ovídio, *Tristia*, IV, 8, 23.

Erasmo, nos *Adágios*, diz que os tagarelas são "ruidosos como o bronze de Dodona".

377. Isto é, por uma bobagem. Cf. *Adágios* de Erasmo, I, 3, 53.

378. O arauto dos gregos na guerra de Tróia, cuja voz, segundo Homero (*Ilíada*, V, 585), era tão estrondosa como a de cinqüenta homens gritando ao mesmo tempo. Cf. Juvenal, *Sat.*, XIII, 112.

*Tu miser exclamas, ut Stentora vincere possis.*

379. A barba longa e o manto (*pallium, abolla*) eram, com o bordão, as insígnias dos filósofos de encruzilhada na Antiguidade. Cf. Horácio, *Sat.*, I, 3, 133; II, 3, 35, e o provérbio grego: ἐχ πωγωνος σοφός. Em seus *Adágios* (*Chil.* I, cont. 2), Erasmo já comentara o provérbio *Barbae tenus sapientes* "sábios somente até a barba". Quem? Os filósofos, os sofistas... Plutarco o emprega algumas vezes em *Quaestiones Convivales* (Conversa à mesa). Horácio faz alusões a ele... Luciano zomba dos filósofos acerca da amplidão de sua barba. Bogoas, no *Eunuco*, diz: "Se for preciso medir um filósofo pela barba, os primeiros a serem elogiados serão os bodes." E Erasmo concluía: "Emprega-se com razão este adágio contra os que fazem com que a regularidade de sua vida consista no trato do corpo."

380. Alusão à passagem da *Odisséia* (X, 494) em que Homero faz Circe dizer de Tirésias: "Ele é o único que Perséfone dotou de clarividência após a morte; os outros são sombras flutuantes."

381. Possível alusão a uma fábula de Bábrio e à de Esopo: "O astrólogo caído num poço", ou, mais provavelmente, lembrança de Horácio, *Sat.*, II, 3, 59, em que uma mãe, uma irmã, um pai e uma esposa gritam ao insensato:

"Tens na tua frente um fosso profundo, um enorme rochedo: atenção!"

382. A escolástica da Idade Média chamava de *universais* as idéias expressas por um termo geral, isto é, tal que possa ser predicado de diferentes sujeitos, ou, para os nominalistas, estes mesmos termos gerais. Pois, segundo Santo Tomás, o universal não tem somente uma existência *post rem* em nosso intelecto e uma existência *in re* nas coisas particulares; há também uma existência *ante rem* no espírito divino. Os cinco *universais*, segundo a lista de Porfiro, eram o *gênero*, a *espécie*, a *diferença*, o *próprio* e o *acidente*.

383. Por formas *separadas*, a escolástica entendia as formas individuais (εἶδη) opostas aos elementos da matéria (ὕλαι).

384. Os escolásticos opunham os elementos primeiros (*materiae primae*) aos elementos secundários (*materiae secundae*), e a matéria em geral (*Matéria*, ὕλη) à forma (*forma ou formalista*, εἶδος).

385. Os escolásticos chamam *quidades* (*quidditas*) o que responde à pergunta *quid sit*, isto é, a essência, em oposição à pergunta *an sit*, isto é, a existência. Esse termo, que traduz o τὸ τί ἦν εἶναι, de Aristóteles fora introduzido pelas traduções latinas de Avicena.

386. Os escolásticos, seguindo Duns Scot, chamam de *haecceitas* (ecceidade) o que faz com que um indivíduo seja ele mesmo e se distinga de qualquer outro. Este termo, que tem como sinônimo *ipseidade*, traduzia o τόδε τι de Aristóteles.

387. Linceu, filho de Afereu e Areté, irmão de Ida e um dos Argonautas, era célebre por sua visão penetrante. Cf. nota 219.

388. Isto é, este pântano empestado (*Adágios*, I, 1, 64).

"Não remexer o Camarina." é um adágio grego que significa "evitar um perigo", por alusão ao pântano mefítico vizinho à cidade de Camarina, na embocadura do Hiparis, na costa sul da Sicília, que os habitantes dessa cidade drenaram apesar do oráculo, o que facilitou a aproximação do inimigo. Cf. Heródoto, VII, 154; Luciano, *Pseudol.* 32; Sérvio, *Comm. AEn.*, III, 700.

389. É a palavra que Horácio aplica não aos teólogos, mas aos poetas. Cf. *Epodos*, II, 2, 102:

*genus irritabele vatum.*

390. Alusão à rede invisível com a qual Vulcano envolveu a infiel Vênus, sua mulher, com Marte, seu amante, e os expôs aos risos dos deuses reunidos. Cf. *Odisséia*, VIII, 270 e ss.

391. Cf. *Adágios* de Erasmo, I, 9, 29.

392. Cf. nota 385.

393. Cf. nota 386.

394. Cf. nota 387.

395. Chamavam-se na Idade Média *realistas* os defensores da doutrina segundo a qual os *universais* (cf. nota 382)

existem independentemente das coisas em que eles se manifestam. Esta doutrina opunha-se ao *nominalismo*.

396. Chamavam-se na Idade Média *nominalistas* os defensores da doutrina segundo a qual não existem idéias gerais, mas somente signos gerais (Roscelin, William Ockham, Hobbes). Esta doutrina opunha-se ao *realismo*.

397. Os defensores da doutrina de Santo Tomás de Aquino (1227?-1274), geralmente oposta ao *scotismo*, e que formula que o que é *sabido* não pode ser *crido*.

398. Os defensores da doutrina de Alberto o Grande (1193-1280), chamado pelos contemporâneos "o doutor universal" por causa de sua erudição em todos os campos e que foi mestre de Santo Tomás de Aquino. Alberto o Grande preocupou-se em dar, ao lado da religião e independentemente dela, uma explicação dos fenômenos. Santo Tomás formula, em teoria precisa, o separatismo admitido e praticado por Alberto.

399. Os defensores da doutrina de William Ockham (1290?-1349), autor do célebre *princípio de parcimônia* ou *navalha de Ockham* (*Ockham's razor*, expressão que se explica por sua etimologia latina *radere*): *Entia non sunt multiplicanda praeter necessitatem*.

400. Os defensores da doutrina de Duns Scot (1265?-1308), geralmente oposta ao *tomismo*, que fora condenada pelo bispo de Paris e pelo arcebispo de Cantuária.

401. Cf. *Epístola aos hebreus*, XI, 1. – Rabelais, numa passagem de *Gargantua* (cap. VI) suprimida em 1542, dá, com graça, aos sorbonistas esta mesma definição da fé: "Os sorbonistas dizem que a fé é o argumento das coisas sem nenhuma aparência."

402. A doutrina da Imaculada Conceição, sustentada pelos scotistas contra os tomistas, fora admitida pela Faculdade de Teologia de Paris, em 3 de março de 1497.

403. Cf. *Evangelho de São Mateus*, XVI, 19.

404. Era a doutrina dos scotistas.

405. Cf. *Evangelho de São João*, IV, 24.

406. Cf. *Segunda Epístola a Timóteo*, II, 23.

407. Cf. *Segunda Epístola a Timóteo*, II, 16 e *Primeira Epístola a Timóteo*, VI, 20.

408. Cf. *Segunda Epístola a Timóteo*, I, 4.

409. Cf. *Primeira Epístola a Timóteo*, VI, 4.

410. Crísipo de Sôli (Cilícia), o célebre estóico (282-208 a.C.) que, após ter estudado em Atenas sob Cleantos, abandonou o ceticismo da Academia para sustentar que o conhecimento podia ser baseado em fundamentos certos. Era de uma sutileza notável e também de uma fecundidade surpreendente, tendo produzido mais de setecentos escritos. Cf. Diógenes Laércio, VII, 7.

411. São João, Padre da Igreja grega (347-407), que mereceu, pela eloqüência, o apelido de Crisóstomo, isto é, *boca de ouro*. Contam-se entre seus principais escritos: *Exortação a Teodoro*, dirigida a um de seus amigos que, após ter abraçado a vida solitária, voltara ao século; os tratados sobre os costumes das mulheres e sobre a virgindade, nos quais ataca as diaconisas e as freiras que desviam as moças do casamento e as viúvas das segundas núpcias; as homilias sobre o Gênese e sobre o Antigo Testamento; os comentários sobre os Salmos, sobre os Profetas e sobre o Novo Testamento.

412. São Basílio, o Grande, Padre da Igreja (329-379), bispo da Cesaréia, que deixou um *Hexameron*, explicação da obra dos seis dias da criação, homilias, cartas e sobretudo os *Ascéticos*, tratados para a conduta dos monges que compreendem: *as Moraes, as Grandes Regras e as Pequenas Regras.*

413. São Jerônimo, um dos grandes doutores da Igreja latina (346?-420), que redigiu grande parte da *Vulgata*, e escreveu também *Comentários* sobre os profetas, uma tradução da *Crônica* de Eusébio com adições; *Cartas* sobre as passagens difíceis do Antigo Testamento, livros de polêmica e uma *Correspondência* do mais alto interesse.

414. Assim eram chamados nos *Atos dos Apóstolos* (VIII, 46) aqueles que estão fora da Igreja.

415. O Salmista chama os hebreus de "uma raça rebelde, que tem a cabeça dura", *rebellem ac durae cervicis.*

416. Pergunta à qual se pode responder como se quiser; pela afirmativa, ou pela negativa.

417. Cf. nota 399.

418. Cf. nota 398.

419. Um monge, diz-nos Geraldo Lister em seu *Comentário,* fora condenado pelos teólogos de Oxford por ter ousado sustentar que estas duas frases: "Sócrates, tu corres" e "Sócrates corre" tinham o mesmo sentido.

420. Às sete esferas dos antigos, os teólogos acrescentaram outras três, cuja terceira, o Empireo, era reservada "às almas bem-aventuradas".

421. Sabe-se que, tendo devorado a prudência (Métis), Júpiter, ao sentir uma enorme dor de cabeça, pediu socorro a Vulcano, que lhe abriu a cabeça com uma machadada e fez sair Palas toda armada.

422. O gorro dos doutores.

423. Erasmo expressara a mesma idéia em seu prefácio às *Notas de Lorenzo Valla sobre o Novo Testamento* (abril de 1505).

424. Às quatro consoantes místicas que os judeus inscrevem dentro de um triângulo para representar o nome secreto e misterioso de Deus (Jeová) e que correspondem aproximadamente às letras francesas *i, h, w, h.* Estas quatro letras podem ser pronunciadas com diferentes combinações de vogais breves. A maior parte das vezes, empregam-se as da palavra equivalente *adonaï*, o que dá *iahowah*, ou as da palavra *elohim*, o que dá *eihowih*. A versão dos Setenta substitui esta palavra por *Kurios* (senhor) e a Vulgata pelo de *dominus*, que quer dizer a mesma coisa. Diodoro de Sicília transcreve-o por *iaô* e Clemente de Alexandria por *iau.* Na realidade, a verdadeira pronúncia acabou por se perder e se criou o hábito de não pronunciar mais o inefável tetragrama.

425. Erasmo expressara a mesma idéia em seu *Manual do soldado cristão*, V, 49 A.

426. Sabe-se que o monge significa *solitário*, em grego.

427. A lã de Cilícia, feita de lã de bodes ou de cabras, era fina e medíocre.

428. O pano de Mileto era célebre por seu refinamento e escolhido, de preferência a qualquer outro, para a tinturaria. Cf. Horácio, *Epodos*, I, 17, 30; Virgílio, *Geórgicas*, III, 306.

429. Nome dado à ordem dos frades menores fundada em 1223 por São Francisco de Assis. Em francês eram chamados *cordeliers* por causa da corda que lhes serve de cinto.

430. Nome dado aos frades menores da ordem de Santa Clara, reformada por Colette de Corbie (1380-1446), que foi canonizada em 1807 por Pio VII.

431. Nome dado aos religiosos da ordem de São Francisco de Assis, os franciscanos ou capuchos, pelo próprio São Francisco, que queria inspirar-lhes a humildade.

432. Nome dado por São Francisco de Paula à ordem monástica que fundou na Calábria, por volta de 1436, e que foi aprovada em 1473 pelo papa Sixto IV; tendo São Francisco de Assis dado o nome de *menores* aos franciscanos para humilhá-los, São Francisco de Paula, para dar aos seus uma humildade maior ainda, achou o nome de *mínimos*.

433. Nome dado, às vezes, aos membros de uma congregação de São Francisco, mais comumente chamados Observantes, que se apoiavam numa *bula* de Eugênio IV, datada de 1446, para fazerem à parte seus capítulos gerais.

434. Nome dado aos religiosos da ordem monástica fundada por volta de 528 por São Bento no monte Cassino, na Itália, e que tinha por regra a higiene, a sobriedade e o amor ao trabalho.

435. Nome dado aos religiosos cistercienses, cuja ordem, fundada em 1098 por Roberto, abade de Cîteaux, fora reformada em 1119 por seu sucessor São Bernardo, o "último Padre da Igreja".

436. Nome dado aos religiosos da ordem de Santa Brígida, ou Brites, da Suécia, fundada em 1346 em Waldstena, às

margens do lago Vettern na Suécia. É também chamada ordem do São Salvador.

437. Nome dado aos monges mendicantes que seguem a regra de Santo Agostinho e cuja ordem foi, na verdade, organizada em 1256 pelo papa Alexandre IV.

438. Nome dado aos membros de uma ordem religiosa, fundada por um solitário vienense chamado Guilherme na primeira metade do século XII. Esses religiosos austeros, que habitaram inicialmente o vale de Maleva, perto de Siena, espalharam-se no século XII às regiões vizinhas e receberam em 1297, do papa Bonifácio VIII, o mosteiro dos religiosos Servitas da Virgem, cuja ordem acabava de ser suprimida.

439. Nome dos frades pregadores da ordem de São Domingos. Em francês eram chamados jacobinos, desde que Jean Barastre, deão de Saint-Quentin, deu-lhes em 1218 uma capela dedicada a São Tiago.

440. Simeão o Estilita passou trinta anos de sua vida empoleirado no alto de uma coluna (422-452).

441. A seita gnóstica dos abraxasianos, assim chamada devido à palavra grega *abraxas*, reunião de letras numéricas que dão o número sagrado 365, que era, segundo os gnósticos, o conjunto das manifestações emanadas do deus supremo em suas 365 esferas.

| | | |
|---|---|---|
| a | = | 1 |
| b | = | 2 |
| r | = | 100 |
| a | = | 1 |
| x | = | 60 |
| a | = | 1 |
| s | = | 200 |
| Total | = | 365 |

O abraxasianismo foi ensinado em Alexandria, sob o reino de Adriano, pelo herege Basilide.

442. Como Cérbero. Cf. *Eneida*, VI, 419.

A comparação dos monges mendicantes com diversos

animais (burros, cachorros, marimbondos, zangões) era tradicional. Pode-se aproximar desta passagem de Erasmo um fragmento do *Diário* de Luísa de Savóia, mãe de Francisco I, do ano de 1522: "Em dezembro, meu filho e eu, pela graça do Espírito Santo, começamos a conhecer os hipócritas brancos, pretos, cinzas, enfumaçados e de todas as cores, dos quais Deus queria nos preservar".

443. Cf. *Livro de Daniel*, cap. XIV.

444. Citação das *Sátiras*, II, 7, 21.

445. Locução recolhida por Erasmo nos *Adágios*, I, 3, 35.

446. Em inglês, *sin* quer dizer *pecado*.

447. Que foi, como se sabe, petrificado ao ver seus sete filhos perfurados pelas flechas de Apolo e suas sete filhas mortas pelas setas invisíveis de Diana. Cf. Homero, *Ilíada*, XXIV, 602 e ss.; Ovídio, *Metamorfoses*, VI, 152 e ss.

448. Alusão à sátira de Horácio (*Sat.*, I, 8) em que se vê um Príapo de tronco de figueira assistir aos ritos noturnos das feiticeiras Canídia e Ságana.

449. Cf. Cícero, *De Inventione*, I, 15.

450. Citação de Virgílio, *Bucólicas*, III, 19.

451. Citação quase literal de Luciano, *Alexandre*, 54.

452. O *Speculum Historiale* é a terceira parte do *Speculum quadruplex* do dominicano Vicent de Beauvais, resumo da história universal até o ano de 1244. A obra fora publicada pela primeira vez em Estrasburgo, em 1473-1476.

453. As *Gesta Romanorum* são uma compilação histórica e moral da história romana e universal, que data do fim do século XIII ou início do século XIV. Sua primeira edição fora publicada em Colônia, em 1472.

454. Para fazer compreender os fatos.

455. Para tirar deles ensinamentos morais.

456. Para chegar a uma conclusão mística.

457. "Acrescentai à cabeça humana, escreve Horácio no início de sua *Arte Poética*, um pescoço de cavalo, e recobri com penas multicoloridas o resto do corpo, composto de membros

heterogêneos, de modo que um belo busto de mulher termine com um feio rabo de peixe. Diante desse espetáculo, segurarieis vosso riso?"

458. Cf. nota 189.

459. Trata-se evidentemente de São Paulo, eremita de Tebas.

460. Não se trata aqui de Santo Antônio de Pádua, mas sim de Santo Antão do Egito, um dos fundadores do monaquismo que, ainda jovem, distribuiu seus bens para os pobres e retirou-se para a solidão de Tebas, onde morreu em 356, com a idade de cento e cinco anos, nos braços de seus dois discípulos bem amados, Macário e Amatas. Durante vinte anos, consta que fora perseguido por visões fantásticas e aterradoras e por *tentações* que se tornaram célebres nas tradições eclesiásticas, assim como o grosseiro companheiro que lhe atribuem, e que muitas vezes instigaram a imaginação e o pincel dos artistas.

461. Encontramos um desenvolvimento análogo em *Instituição de um Príncipe Cristão*, que Erasmo escreveu para oferecer em maio de 1516 ao jovem príncipe que se tornaria o imperador Carlos V.

462. Erasmo emprega aqui uma locução familiar que já recolhera nos *Adágios*, I, 5, 6.

463. Expressão de Horácio, *Odes*, I, 9, 9:

*Permitte divis cetera...*

464. Lembrança de uma passagem de Horácio em suas *Sátiras* (I, 2, 27 ss.): "Quanto a nós, somos apenas uma quantidade insignificante, pessoas feitas unicamente para comer; somos os pretendentes de Penélope, esses tratantes, ou os jovens da corte de Alcibíades, que só se ocupavam no cuidado de suas pessoas, e que achavam lindo dormir até meio-dia e deixar-se embalar num meio sono pelo canto da cítara."

Sabe-se, de fato, que os feácios passavam por levar uma vida de comilanças e prazeres. Cf. *Odisséia*, VIII, 248.

465. Trocadilho com a palavra bispo, em grego *episcopos*, "aquele que tem o olho em..."

466. O manto e a batina de púrpura foram concedidos aos cardeais pelo papa Bonifácio VIII no início do século XIV.

467. Cf. *Evangelho de São Lucas*, IX, 3.

468. Encontramos a mesma idéia no *Manual* de Erasmo, V, p. 49 B.

469. Cf. *Evangelho de São Mateus*, V, 13.

470. Cf. *Epístola aos Romanos*, XVI, 18.

471. É assim que são chamadas as excomunhões reiteradas.

472. Alusão aos retratos dos excomungados envoltos por chamas e importunados por horríveis demônios, que eram expostos nas igrejas de Roma.

473. Cf. *Evangelho de São Mateus*, XIX, 27.

474. Como Virgílio, em especial, na *Eneida* (VII, 323), onde se vê a Fúria Alecto insuflar a loucura e provocar a guerra (*tristia bella*).

475. Alusão a Júlio II que, tornando-se papa aos sessenta anos, durante dez anos não parou de travar guerras e se aliou até aos turcos para travá-las. Uma das razões para Erasmo detestar os talentos guerreiros desse papa belicoso era o fato de ter tido, em 1506, de ir momentaneamente a Florença, deixando Bolonha, onde contava fixar-se, pois Júlio II ameaçava sitiar os Bentivogli rebeldes.

476. Nome dado à ordem religiosa fundada por São Bruno, em 1084, no deserto da Chartreuse, perto de Grenoble.

477. Esta perífrase clássica designa a deusa Nêmesis, que tinha um templo célebre na cidade de Ramnunte na Ática, e que, filha de Érebo e da Noite, ficava na Terra e nos infernos para vigiar a punição dos erros e a execução das regras da Justiça. Era ela também que assegurava a observância escrita dos tratados de paz, mantinha os juramentos, curvava as cabeças orgulhosas e tranqüilizava os humildes.

478. Provérbio recolhido por Erasmo nos *Adágios*, I, 5, 82. – O Timóteo em questão, cujo nome significava "honrado

por Deus", é o general ateniense, filho de Cônon, morto em 354 a.C. Cf. Cornélio Nepos, *Timóteo*.

479. Esse provérbio, que se aplicava aos empreendimentos dos atenienses que, mesmo tendo tido mau começo, acabavam tendo êxito, foi recolhido por Erasmo nos *Adágios*, I, 1, 76.

480. Esse provérbio, que se aplica às pessoas nascidas "sob má estrela", foi recolhido por Erasmo. Cf. *Adágios*, I, 1, 77.

481. Provérbio que significa que se monta um mau cavalo. Cf. Aulo Gélio, III, 9, 6, e *Adágios* de Erasmo, I, 10, 97.

482. Provérbio que significa que se tem uma moeda que não vale mais. Cf. Aulo Gélio, III, 9, 7, e *Adágios* de Erasmo, I, 10, 98.

483. Alusão à edição dos *Adágios* publicada em Veneza por Aldo Manucio, em setembro de 1508.

484. Cf. *Adágios* de Erasmo, I, 4, 32.

485. *Principibus placuisse viris* é o início de um verso de Horácio (*Epodos*, I, 17, 35) que declara que "agradar aos príncipes não é pouca honra, e que não é dado a todos abordarem em Corinto".

486. Segundo verso de um *Dístico* de Dionísio Catão, que as crianças aprendiam de cor em seus rudimentos de latim, nas escolas da Idade Média. Cf. *Dísticos* de Catão, livre II:

*Insipiens esto, cum tempus postulat aut res*
*Stultitiam simulare loco, prudentia summa.*

487. Expressão que Horácio aplica a si mesmo, *Epodos*, I, 4, 16.

488. Cf. *Odes* de Horácio, IV, 12, 27:

"Pensa na pira fúnebre e, enquanto ainda o puderes, mistura um pouco de loucura em teus desígnios: é agradável desatinar oportunamente."

489. Cf. *Odes* de Horácio, IV, 12, 28, e a nota anterior.

490. Citação de Horácio, *Epodos*, II, 2, 126.

491. Homero (*Odisséia,* XI, 449) só aplica este termo a Telêmaco criança.

492. Cf. *Ad Familiares* (Cartas familiares), IX, 22, 4. Antes de Cícero, Simônides já declara que "o número de loucos é incomensurável".

493. Cf. *supra,* e nota 213.

494. Nome dado ao colégio fundado por Robert Sorbon, capelão e confessor de Luís XI, em 1253, e que conferia o título de doutor aos que ali faziam seus estudos, após ter argumentado durante dez anos e ter sustentado diversos atos públicos ou teses, que eram distinguidas entre menor, maior, sabatina, tentativa, pequena sorbônica e grande sorbônica.

495. Cf. nota 400.

496. Erasmo decerto lembra-se aqui do Príapo da figueira da *Sátira* de Horácio (I, 1, 8), sendo a figueira, aliás, uma das árvores em cujo tronco se gostava de modelar o deus dos jardins. Há, além do mais, uma alusão a um epigrama da *Príapeas* (LXIX) onde Príapo se vangloria por ter escutado amiúde seu mestre ler alto à sua frente e decorado alguns fragmentos do que ele dizia.

497. Versículo 15 b.

498. *Jeremias* diz: "por sua própria ciência". Cf. *Jeremias*, X, 14.

499. Cf. *Jeremias*, X, 12.

500. *Jeremias*, IX, 23.

501. Cf. *Eclesiastes,* I, 2; XII, 8.

502. Isto é, um depoimento de valor. Cf. *Adágios* de Erasmo, I, 5, 53.

503. Cf. *supra,* capítulo LXII e a nota 492.

504. Cf. *Eclesiástico*, XXVII, 12.

505. Cf. *Evangelho de São Mateus,* XIX, 17.

506. Versículo 21a.

507. Cf. *Eclesiastes,* I, 18. Erasmo cita de memória, segundo seu hábito, mudando algumas palavras.

508. Versículo 5.

509. Versículo 17.

510. Cf. *Evangelho de São Mateus,* XIX, 30.

511. A referência parece errada. O cap. XLIV do *Eclesiástico* não diz nada de parecido.

512. Cf. *Retórica,* I, 6 e *Adágios* de Erasmo, I, 1, 65.

513. A citação exata é: "Melhor é aquele homem que encobre a sua insipiência do que aqueles que escondem a sua sabedoria" *Melior est qui celat insipientiam suam, quam homo qui abscondit sapientiam suam* (*Eclesiástico*, XX, 31).

514. No livro dos *Provérbios.*

515. Cf. Segunda, II, 23.

516. Ofuscar os autores antigos com alguma novidade. Cf. *Adágios* de Erasmo, I, 3, 75.

517. O "primeiro" chefe, nessa época, decerto era Lefèvre d'Étaples (por volta de 1455-1537), que havia traduzido e comentado as principais obras de Aristóteles (1499, 1501, 1505) e publicado, em 1509, o *Psautier Quintuple* (Saltério Quíntuplo). Lefèvre tornara-se célebre por deixar de lado, em suas aulas de matemática e de filosofia no colégio do cardeal Lemoine, as vãs discussões da escolástica e as tradições de um ensino rotineiro.

518. O hebraico, o grego e o latim.

519. O brocardo visa a Nicolau de Lyra, que ensinava na faculdade de teologia de Paris e que morreu em 1340. Dizia-se que "se Lyra não tivesse tocado a lira, Lutero não teria dançado".

520. O hebraico, o grego, o latim e também o caldeu e o dálmata.

521. O fato era contado por São Jerônimo em suas *Anotações aos Atos dos Apóstolos,* XVII, 23.

522. Cf. nota 519.

523. Cf. *Evangelho de São Lucas,* XXII, 35-36.

524. Cf. *Evangelho de São Lucas,* XII, 4; e *Evangelho de São Mateus,* V, 3; X, 17, 22, 23, 29.

525. Cf. *Evangelho de São Lucas,* XII, 27; e *Evangelho de São Mateus,* VI, 28.

526. Cf. *Evangelho de São Mateus,* XXVI, 52; e *Evangelho de São João,* XVIII, 11.

527. Trata-se, se dermos crédito a Geraldo Lister, do superior dos dominicanos Jordão de Saxe, morto em 1336, e que havia sucedido São Domingos na chefia de sua ordem. Devem-se-lhe, entre outras obras, um *De Principio Ordinis Praedicatorum,* e uma *Carta sobre a transladação do corpo de São Domingos.*

528. Segundo algumas tradições, São Bartolomeu, um dos doze Apóstolos, foi condenado a ser açoitado e esfolado vivo pelo rei indiano Astíages, cujo irmão, Pólemo, ele convertera ao cristianismo; mas há muitas opiniões sobre o gênero exato do martírio de São Bartolomeu. Segundo Santa Dorotéia, São Bartolomeu teria sido crucificado; segundo outros historiadores, teriam-lhe cortado a cabeça.

529. O oitavo dos doze profetas menores, cujo livro compreende três capítulos. O fragmento citado por Erasmo achase no cap. III, 7.

530. Cf. *Epístola a Tito,* III, 10.

531. Um advogado de aspecto temível. Cf. *Adágios* de Erasmo, IV, 1, 6.

532. Cf. *Deuteronômio,* XIII, 5.

533. Cf. nota 410.

534. Dídimo, gramático e crítico alexandrino, contemporâneo de Augusto, foi o mestre de Ápion e de Heraclides do Ponto. Escreveu um número considerável de obras, e as mais interessantes dentre elas tinham por tema a crítica e a interpretação dos poemas homéricos, segundo a revisão de Aristarco. Todos estes livros se perderam; mas os pequenos escólios que possuímos sobre Homero, assim como os de Píndaro e de outros poetas, são em parte extraídos das obras de Dídimo, embora a redação deles seja muito posterior. Ateneu leva o número de suas obras a 3.500, e Sêneca (*Ep.,* LXXXVIII, 37), a 4.000. Seu ardor no trabalho e sua crítica implacável valeram-lhe o apelido de *chalkenteros* (o homem de entranhas de

bronze); e Demétrio de Trezena lhe dera a alcunha de *bibliolathas* (o esquecedor de livros), porque ele lia e escrevia tanto que lhe acontecia de esquecer completamente o que havia lido ou escrito e contradizer-se freqüentemente.

535. Inútil e tola. Cf. *Adágios* de Erasmo, I, 7, 85.

536. Cf. *Segunda Epístola aos Coríntios,* XI, 19.

537. Cf. *Primeira Epístola aos Coríntios,* XVI, 17.

538. Cf. *Primeira Epístola aos Coríntios,* IV, 10.

539. Cf. *Primeira Epístola aos Coríntios,* III, 18.

540. Cf. *Evangelho de São Lucas*, XXIV, 25.

541. Cf. *Primeira Epístola aos Coríntios,* I, 25.

542. Erasmo, durante sua estada em Saint-Omer (1501) em casa de Antoine de Bergues, abade de Saint-Bertin, tomara gosto, junto ao franciscano Jean de Vitrier, pelos livros de Orígenes (182-254), ilustre ao mesmo tempo como escritor, como Padre da Igreja e como filósofo, e de quem São Jerônimo dizia: "Depois dos apóstolos, vejo em Orígenes o grande mestre das Igrejas; apenas a ignorância poderia negar esta verdade. De bom grado ficaria com as calúnias que foram dirigidas contra seu nome, contanto que por esse preço eu pudesse ter sua ciência profunda das Escrituras."

Sabe-se que algumas das doutrinas de Orígenes foram condenadas pela Igreja por terem laivos de neoplatonismo.

543. Citação de São Paulo, *Primeira Epístola aos Coríntios,* I, 18.

544. Cf. *Salmos,* LXVIII, 6.

545. "César, escreve Plutarco (*Vida de César*, LXII), que tivera algumas suspeitas a respeito de Cássio, disse um dia a seus amigos: Que pensais que Cássio projeta? A mim, ele não me agrada muito: acho-o pálido demais. Uma outra vez, acusavam perto dele Antonio e Dolabela de maquinarem coisas: Não tenho muito medo, disse ele, dessas pessoas gordas e bem penteadas, mas sim desses homens pálidos e magros. Ele designava Bruto e Cássio."

546. Cf. Tácito, *Anais,* XV, 62 e 65: Sêneca era suspeito a Nero, diz o historiador, porque fazia profissão de virtude, e também porque o imperador, "sem ter prova de que Sêneca tivesse conspirado", sentia que seu antigo mestre tinha atrás de si partidários que, "depois de se terem livrado de Nero através de Pisão, se livrariam do próprio Pisão, para dar o império a Sêneca".

547. Platão, durante sua primeira estada na Sicília (390), despertara com sua corajosa franqueza o ódio de Dionísio o Antigo, que o mandou vender como escravo; resgatado por amigos, Platão conseguiu voltar a Atenas. No decorrer de sua terceira estada na ilha (361), tentou inutilmente obter de Dionísio o Jovem o perdão para Díon, que fora banido, e ele mesmo só escapou da prisão pela intervenção de Anquestas. Cf. Cícero, *Pro Rabirio,* IX, 23.

548. Cf. *Primeira Epístola aos Coríntios,* I, 27a.

549. Cf. *Primeira Epístola aos Coríntios*, 5, 21.

550. Erasmo atribui aqui um dito de São Paulo (*Primeira Epístola aos Coríntios,* I, 19), a Isaías, que expressa (XXIX, 14) um pensamento bem diferente.

551. Cf. *Evangelho de São Lucas,* X, 21; e *São Mateus,* XI, 25.

552. Cf. *Evangelho de São Lucas,* XI, 42, 43; e *São Mateus,* XXIII, 13, 14, 15, 23, 25 e 27.

553. Cf. *Evangelho de São Mateus,* XXI, 2.

554. Cf. *Evangelho de São Mateus,* III, 16.

555. Cf. *Evangelho de São João,* X, 1-27.

556. Cf. *História dos Animais,* IX, 4.

557. *Adágios* de Erasmo, III, 1, 95.

558. Cf. *Evangelho de São João,* I, 29 e 36.

559. Cf. *Apocalipse,* V-VII.

560. Cf. *Primeira Epístola aos Coríntios,* I, 18 e 25.

561. Citação da *Epístola aos Filipenses,* II, 7.

562. Cf. *Segunda Epístola aos Coríntios*, V, 21.

563. Cf. *Prímeira Epístola aos Coríntios*, I, 21.

564. Cf. *Evangelho de São Mateus*, XVIII, 3; *de São Lucas*, XVIII, 17; *de São Marcos*, X, 15.

565. Cf. *Evangelho de São Mateus*, VI, 28; *de São Lucas*, XII, 27.

566. Cf. *Evangelho de São Mateus*, XIII, 31; *de São Lucas*, XIII, 19; *de São Marcos*, IV, 31.

567. Cf. *Evangelho de São Mateus*, X, 29; *de São Lucas*, XII, 6.

568. Cf. *Evangelho de São Mateus*, X, 18; *de São Lucas*, XII, 11; XXI, 12; *de São Marcos*, XIII, 11.

569. Cf. *Atos dos Apóstolos*, I, 7.

570. Cf. *Gênese*, II, 17.

571. Cf. *Primeira Epístola aos Coríntios*, VIII, 1.

572. Cf. *Com. de Isaías*, XIV, 12.

573. Cf. XII, 11.

574. Cf. *Primeiro Livro dos Reis* (*Samuel*), XXIX, 21.

575. *Segundo Livro dos Reis* (*Samuel* II), XXIV, 10.

576. Cf. *Evangelho de São Lucas*, XXIII, 34.

577. Cf. *Primeira Epístola a Timóteo*, I, 13.

578. Cf. *Salmos*, XXIV, 7.

579. Cf. *Atos dos Apóstolos*, II, 13.

580. Cf. *Atos dos Apóstolos*, XXVI, 24.

581. Empreendi uma vasta tarefa. Cf. *Adágios* de Erasmo, I, 3, 66.

582. Cf. Platão, *Górgias*, 493 A; *Fedro*, 80 E.

583. Cf. Platão, *Apologia de Sócrates*, 39 C.

584. Cf. Platão, *República*, VII, início, e mais acima, cap. XLV.

585. Cf. *Primeira Epístola aos Coríntios*, VII, 29-30.

586. Cf. Aristóteles, *Da alma*, III, 4, 7.

587. Como fez por distração São Bernardo. "Ele vivia, diz o beato Tiago de Voragine na *Lenda áurea*, tão profundamente ocupado e absorvido por Deus que a vida sensível deixou de existir para ele... Não encontrava prazer algum em se alimentar, e só comia à força, tendo até perdido a faculdade de

distinguir o sabor das comidas. Foi assim que um dia ele bebeu azeite em vez de água e só o percebeu quando uns irmãos fizeram-lhe observar que seus lábios não estavam molhados."

588. Cf. *Fedro*, 245 B.

589. Cf. *Isaías*, LXIV, 4; e também *Primeira Epístola aos Coríntios*, II, 9.

590. Citação do *Galo* de Luciano.

591. Provérbio grego citado por Aulo Gélio, II, 6, 9, Cf. *Adágios* de Erasmo, I, 6, 1.

592. Este antigo ditado, citado em grego por Erasmo, também se acha citado no fim de um epigrama de Marcial (I, 28, 7):

"A noite passada eu te dissera, Procilio, depois de ter dado cabo (acho eu) de cinco moedas, que jantarias hoje comigo, e tomaste bem nota dessas palavras de um bêbado. Exemplo muito perigoso. Detesto, Procilio, o conviva que se lembra." Cf. *Adágios*, I, 7, 1.

593. Cf. nota 1.

594. Amigo de Tomás Morus e de Erasmo, Martim Dorpius, nascido em Naëldwyck (Holanda) por volta de 1480, morto em Louvain em 31 de maio de 1525, lecionou vários anos eloqüência e filosofia em Lille, antes de se tornar o reitor do colégio do Saint-Esprit em Louvain. Escreveu um *Diálogo de Vênus e de Cupido exortando Hércules indeciso a servir à causa deles a despeito da virtude*; um *Complemento a "Aulularia" de Plauto*, e um *Prólogo ao "Soldado fanfarrão"* do mesmo autor; uma *Carta sobre os costumes dos holandeses*; um *Elogio de Aristóteles*, dirigido contra Lorenzo Valla, 1510 e 1514; um *Elogio da Academia de Louvain* (out. de 1513); e várias outras obras sobre a eloqüência sacra.

Em sua *Carta sobre o Elogio da loucura*, e na *Resposta à carta de Erasmo,* Martim Dorpius fez-se o porta-voz dos teólogos; mas era um homem de boa-fé, e sua amizade com Erasmo não foi prejudicada por suas divergências. Quando Dorpius morreu, foi Erasmo quem compôs o epitáfio do túmulo erigido a seu amigo no convento dos Cartuxos de Louvain:

*Martinus ubi terras reliquit Dorpius,*
*Suum orba partum flet parens Hollandia,*
*Theologus ordo luget exstinctum decus:*
*Tristes Camoenae, candidis cum Gratiis*
*Tantum Patronum lacrimis desiderant!*
*Lovaniensis omnis opplorans schola*
*Sidus suum requirit: "O Mors, inquiens,*
*Crudelis, atrox, saeva, iniqua et invida,*
*Itan' ante tempus floridam arborem secans,*
*Tot dotibus, tot spebus orbas omnium*
*Suspensa vota? Premite luctus impios;*
*Nom periit ille; vivit ac dotes suas*
*Nunc tuto habet, subductus aevo pessimo.*
*Sors nostra flenda est, gratulandum est Dorpio.*
*Haec terra servat mentis hospitium piae*
*Corpusculum, quod ad canorae buccinae*
*Vocem, refundens optima reddet fide...*

595. Martim Dorpius (cf. nota anterior), porta-voz dos teólogos, afirma ainda a Erasmo, na resposta que deu à sua carta, que se deve preferir o julgamento dos teólogos ao dos bispos: "Estou surpreso, escreve a Erasmo, que dês, neste caso, mais importância ao julgamento dos bispos que ao dos teólogos... Se ao menos tivesse modificado a vida, os costumes e a ignorância dos bispos de hoje!" E mais adiante fala também "da autoridade incontestada dos teólogos... os únicos que apascentam o rebanho do Senhor nos pastos da lei divina".

596. A carta em questão fora escrita por Dorpius (em Louvain) em setembro de 1514. A resposta de Erasmo foi escrita durante uma viagem que o humanista, então morando em Basiléia, fez a Antuérpia e a Londres na primavera de 1515: é datada de Antuérpia, no mês de maio de 1515.

597. O primeiro tomo da tradução de São Jerônimo restabelecido (?) por Erasmo foi publicado em abril de 1516, pelo editor Johann Froben, em Basiléia. Foi seguido por outros oito tomos.

598. A edição do *Novo Testamento*, dedicada a Leão X, foi publicada por Johann Froben, em Basiléia, no mês de fevereiro de 1516, com o título de: *Novum Instrumentum onme, diligenter ab Erasmo Roterodamo recognitum et emendatum, non solum ad graecam viritatem, verum etiam ad multorum utriusque linguae codicum fidem*. Foi feita uma segunda edição em 1519.

599. "As virtudes teologais são, diz São Paulo, em número de três: a fé, a esperança e a caridade. Mas a mais importante das três é a caridade."

600. A travessia de Londres para Antuérpia. Cf. nota 596.

601. Trasão ou Trasônidas é o próprio tipo desses soldados fanfarrões e mata-mouros transmitidos a Plauto por Menandro. Ficaram apenas alguns fragmentos de *Trasônidas* ou *O amante odiado* de Menandro, mas suficientes para dar uma idéia do herói principal que, para agradar à bela escrava que possui, e de quem ele mesmo é escravo pelo amor, faz perpetuamente seu próprio elogio. Mas a jovem não ama o herói.

602. Pirgopolinice é o herói com nome grego (*pyrgos, polis, nicé*) do *Soldado fanfarrão* de Plauto.

603. Esta hipotipose encontra-se no canto II da *Ilíada* (v. 215 e ss.): "Tersites era, diz Homero, o mais feio dos homens que se achava diante de Ílion: vesgo, manco de uma perna, o peito entrado entre espáduas recurvadas; em cima, uma cabeça pontuda, onde vegetava uma rara penugem." A hipotipose apareceu tão mordaz que nela viram um retrato contemporâneo e conjeturaram que Homero exercia uma vingança.

604. De fato, sabe-se que os diálogos de Platão estão repletos de alusões mordazes a personagens designadas pelo nome.

605. Para falar a verdade, se, após ter seguido por vinte anos o ensino socrático de Platão, Aristóteles separou-se dele repentinamente, nunca deixou de falar com respeito de Platão em todas as passagens de seus escritos em que o cita. Mas, como escreveu sagazmente Renouvier, "*o ledor, o entendimento* da Escola, que era Aristóteles (pois Platão dava esses

dois nomes a Aristóteles), o infatigável trabalhador, sempre preso aos fatos e propenso à observação, devia ter mais estima que simpatia pelo belo, suave, ideal e meditativo Platão, que, por sua vez, se queixava da frieza da alma e da independência de seu discípulo. Tais circunstâncias... puderam servir de fundamento às calúnias que os inimigos de Aristóteles espalharam sobre seu relacionamento com o mestre."

606. É conhecida a rivalidade veemente que opôs Demóstenes a Ésquines.

607. O Pisão em questão é Calpúrnio Pisão, magistrado corrompido, homem dissoluto e cruel, que foi cônsul em 58, depois governador da Macedônia, a qual pilhou, e contra quem, em sua volta em 55 a.C., Cícero pronunciou o *In Pisonem* (Contra Pisão), Vatínio é Públio Vatínio, tribuno do povo em 59, vendido a César, que testemunhou contra Milão e Séstio, dois amigos de Cícero, e contra quem, nessa ocasião, Cícero dirigiu um ataque veemente. Quanto a Antonio, é o infeliz rival de Otávio, contra quem o grande orador pronunciou as ardentes *Philippicae* (Filípicas).

608. É impossível enumerar, de fato, todas as vítimas do epistológrafo e moralista que foi Sêneca.

609. Petrarca, numa carta de 13 de março de 1352 ao papa Clemente VI, doente e com febre (*Familiares*, V, 19), repete os clássicos ataques contra os médicos "que se instruem à custa de nossos riscos e perigos, e que completam sua experiência com os falecimentos". Seguiu-se uma querela com os médicos, na qual Petrarca, um polemista muito inspirado, combateu os ridículos da antiga medicina de uma maneira que nos faz pressentir Molière.

610. Lorenzo Valla (1406-1457), um dos que, com Poggio, mais contribuíram para a restauração das letras, sustentou contra este uma luta interminável em que amiúde as injúrias substituíam os argumentos. Cf. seus *Antidoti in Poggium libri IV*.

611. O humanista Angelo Poliziano (1454-1494) travou uma discussão das mais ardentes, sobre a língua latina, com o

humanista Bartolomeo Scala (1430-1497), toscano como ele, e que fora chanceler da República por intercessão de Pedro de Medici.

612. Heresiarca gaulês do fim do século IV, nascido em Cazères-sur-Garonne, na região de Comminges, Vigilâncio, depois de ser mercador de vinho na Espanha e de se ter tornado padre em Barcelona, visitou a Palestina com São Jerônimo, de quem atraiu a animadversão por sua intervenção na luta que este sustentava contra Rufino e João de Jerusalém. De volta à Gália, Vigilâncio levantou-se contra o culto prestado às relíquias dos mártires, atacou os milagres que lhes eram atribuídos etc., e foi refutado asperamente por São Jerônimo em suas cartas e num tratado, que são os únicos meios que temos de conhecer a doutrina de Vigilâncio.

613. Heresiarca romano do fim do século IV, Joviniano, monge em Milão, deixou o claustro para pregar uma doutrina segundo a qual o matrimônio é um estado tão agradável a Deus quanto o celibato etc. Foi asperamente refutado por São Jerônimo e seus partidários foram excomungados no concílio de Milão (390).

614. Escritor eclesiástico romano (345-410), condiscípulo de São Jerônimo no convento de Aquiléia, Rufino manteve por vinte anos ardentes laços de amizade com seu condiscípulo, depois se indispôs contra ele acerca de Orígenes, que defendeu contra São Jerônimo. Tendo traduzido o *Periarchion* de Orígenes, teve sua tradução condenada na corte de Roma a pedido de São Jerônimo, que criticou vivamente os trabalhos e a conduta de seu antigo amigo junto ao papa Anastácio.

615. O *Manual do soldado cristão* ou *Enchiridion Militis Christiani*, que Erasmo publicara na gráfica de F. Martens em Antuérpia, em fevereiro de 1504. Nessa obra, fiel aos ensinamentos de Colet e de Vitrier, Erasmo traça um quadro da vida cristã, e também define os métodos da nova teologia.

616. *A educação de um príncipe* ou *De Institutione Principis Christiani*, que foi publicada em maio de 1516, por J.

Froben, em Basiléia, foi oferecida por Erasmo ao neto de Maximiliano da Áustria, que logo se tornaria o imperador Carlos V.

617. O *Elogio*.

618. Cf. *O banquete, passim*, e Macróbio, *Sat.*, II, 8.

619. Horácio.

620. Citação de Horácio, *Sat.*, I, 1, 24.

621. Cf. *De rerum natura* (Sobre a natureza das coisas), I, 935 e ss.:

"Os médicos, diz o poeta, quando querem fazer com que as crianças tomem o absinto amargo, começam por dourar com um mel alourado e doce as bordas da taça; assim, o jovem imprevidente, com os lábios enganados pela doçura, bebe ao mesmo tempo a negra beberagem e, logrado para seu bem, recobra força e saúde."

622. Cf. nota 253.

623. Cf. *Prefácio* de Erasmo ao *Elogio da loucura*, p. 1 desta edição.

624. Cf. notas 2 e 3.

625. O *Elogio da loucura*, que foi publicado no mesmo momento em que Luís XII pretendia convocar em Pisa um concílio para depor Júlio II, devia às circunstâncias uma parte de seu grande sucesso.

626. É conhecida a reputação de severidade que tinham os membros do Areópago de Atenas.

627. Nome dado às farsas bufonas e licenciosas, que foram a comédia italiana primitiva, e que tiveram origem na pequena cidade osca de Atela, entre Nápoles e Cápua. Cf. nota 139.

628. Cf. *Fedro*, início.

629. Cf. *Elogio da loucura,* cap. XLIII.

630. Cf. nota 388.

631. Citação de Pérsio, *Sat.*, I, 107.

632. Electuário purgativo, assim chamado devido às virtudes maravilhosas (*hiera*) que lhe eram atribuídas e a seu amargor (*picra*).

633. Cf. *Segunda Epístola a Timóteo*, IV, 2.

634. De Pirro.

"Uma vez, diz Plutarco em *Vida de Pirro*, uns jovens haviam falado mal do rei enquanto bebiam, e não o podiam negar. Como o rei lhes perguntara se eles realmente haviam falado o que lhes atribuíam, um deles respondeu: 'Ah! senhor, teríamos dito muito mais a vosso respeito, se não nos tivesse acabado a garrafa!' O rei começou a rir e perdoou."

635. Cícero.

636. Cf. Cícero, *Orator*, LXXXVII; Quintiliano, *Institutiones Oratoriae*, VI, cap. III, *De Risu* (Sobre o riso).

637. Suetônio conta que César, que era tão espirituoso quanto indulgente, "e nunca sentira rancores tão fortes que a eles não renunciasse de bom grado quando se lhe apresentava um ensejo... Quando Calvo, depois de epigramas difamatórios, procurava reconciliar-se com ele por intermédio dos amigos, ele foi o primeiro a escrever-lhe de próprio punho. Catulo, que sabia terem-lhe os versinhos, a respeito de Mamurra, causado uma ignomínia eterna, pediu-lhe desculpas e foi admitido à sua mesa no mesmo dia, continuando a freqüentar a casa do pai de César, como era seu hábito". Cf. *Vida de César*, LXXIII.

638. O imperador Vespasiano tinha, segundo Suetônio, a aparência de um homem que está se esforçando. "O que ocasionou, acrescenta o historiador, a tirada de um gracejador, a quem ele pedia insistentemente uma pilhéria a seu respeito: – Eu a farei, disse o outro, quando tiveres cessado de aliviar teu ventre (*cum ventrem exonerare desieris*)." Cf. *Vida de Vespasiano* XXIII.

639. Escravo de Horácio introduzido por seu amo numa das *Sátiras* (II, 7) e que, usando da liberdade das Saturnais, disse ao amo quatro verdades.

640. Santa Eustóquia, em latim *Julia Eustochium*, virgem cristã, nascida em Roma de uma ilustre família, em cerca de 365, morta em cerca de 419 em Belém. Educada na piedade pela

mãe, Santa Paula, ela fez voto de virgindade aos 18 anos e se pôs, com a mãe, sob a direção de São Jerônimo, que redigiu para ela o livro *Sobre a virgindade* (383). Mãe e filha seguiram seu diretor espiritual a Belém (385), onde fundaram um convento, cuja direção foi assumida pela filha depois da morte da mãe.

641. Cf. nota 310.

642. Jovem padre cujo elogio fúnebre foi feito por São Jerônimo.

643. Monge gaulês que se correspondia com São Jerônimo.

644. Aluno de Erasmo em Paris em 1499, William Blount, da família dos barões Mountjoy, levara à Inglaterra seu mestre e amigo em junho de 1499. Foi a ele que Erasmo, no mês de junho de 1500, dedicara seu livro de *Adágios*.

645. William Warham, arcebispo de Cantuária, era um dos amigos e protetores de Erasmo.

646. Alexandre, o Gaulês, natural de Villedieu na Normandia, compusera, por volta de 1209, uma gramática em versos leoninos, intitulada *Doctrinale Puerorum*, que foi muito usada nas escolas da Idade Média.

647. Cf. nota 400.

648. Cf. nota 399.

649. Enciclopédia católica muito cotada na Idade Média.

650. Outra enciclopédia católica, compilação da Bíblia, das *Legenda Sanctorum* etc., publicada em 1470.

651. Gian Francesco Poggio, ou Poggio Bracciolini, humanista italiano (1380-1459), cujas brigas com Valla (cf. nota 610) foram lembradas mais acima por Erasmo, além das injúrias, invectivas e obscenidades que ornam seus panfletos, dera livre curso à sua verve licenciosa ao publicar uma coletânea de *Facécia*, em que os detalhes escabrosos se mesclam a uma imensidade de observações curiosas sobre os costumes e as pessoas de sua época.

652. Giovanni Pontano, homem de Estado, poeta e historiador italiano, que foi o escritor mais fecundo e mais elegante de seu tempo (1426-1503), escreveu, entre outras obras, peças de versos espirituais e graciosos, que freqüentemente unem à emoção e ao sentimento as graças ingênuas e picantes de Catulo. Mas muitos de suas églogas, hinos, epigramas, elegias, com os quais fizeram após sua morte uma edição coletiva em Veneza (1505-1518) em dois volumes in-8º, são amiúde enfeiados por obscenidades.

653. É conhecida a passagem dos *Anais* (XV, 44) em que, longe de ficar abalado pelos suplícios dos cristãos que Nero queimava como archotes para iluminar suas festas, Tácito diz que, afinal de contas, eles eram culpados e mereciam os piores suplícios, *adversus sontes et novissima meritos.*

654. Na *Vida de Nero*, Suetônio cita, entre os abusos "severamente punidos ou reprimidos" pelo imperador, os excessos dos cristãos, "espécie de homens afeitos a uma superstição nova e maléfica", *Christiani, genus hominum superstitionis novae ac maleficae*, a quem foram infligidas torturas.

655. Positivista e pessimista, Plínio escreveu que a maior loucura para o homem era desejar uma outra vida. "É se privar, segundo ele, do único bem seguro que a vida nos oferece, a morte."

656. As pilhérias sobre a imortalidade da alma são abundantes na obra de Luciano, o "Voltaire grego".

657. Provérbio grego, recolhido por Erasmo nos *Adágios*, para designar as diversas partes de um todo. Cf. nota 155.

658. Cf. *Inst. Or.*, livro V.

659. Betsabé.

660. Uma segunda edição dos *Adágios*, consideravelmente aumentada, fora publicada em setembro de 1508 por Aldo Manucio, em Veneza, com o título: *Seis quilíades de Adágios de Erasmo* (*Erasmi Roterodami Adagiorum Chiliades sex ac Centuriae fere totidem*).

661. Cf. nota 210.

662. Simônides de Ceos (556-467 a.C.), apelidado Melicerto por causa da suavidade de seu estilo, foi um dos mais doutos poetas líricos da antiga Grécia. Cf. Plutarco, *De aud. poet.*, p. 15 D.

663. A reputação da "tolice" dos tebanos e, em geral, dos beócios, fora solidamente estabelecida, como é sabido, pelos escritores áticos.

664. São Cipriano (cerca de 200-258), bispo de Cartago e mártir, um dos Padres da Igreja.

665. Lactâncio, nascido na África, morto por volta de 325 em Trier, que, depois de ter estudado com Arnóbio e ensinado eloqüência em Nicomédia, se converteu à fé cristã e foi encarregado pelo imperador Constantino da educação de seu filho Crispo. É o autor, entre outras obras, de sete livros de *Institutiones*, nos quais combate o paganismo.

666. Eróstrato que, como é sabido, incendiou o famoso templo de Diana em Éfeso com a única finalidade de deixar seu nome célebre.

667. Cf. nota 388.

668. Cf. nota 597.

669. Cf. nota 412.

670. Cf. nota 411.

671. São Gregório de Nazianzo, Padre da Igreja grega, autor de *Discursos, Cartas* e *Poesias* (329-389).

672. Johannes Scotus Erigena, filósofo e teólogo anglo-saxão do século IX, chamado aqui de o primeiro Scot para distingui-lo de John Duns Scot. Cf. nota 400.

673. Não se trata, como se pensou, do bispo de Hertford, jurisconsulto inglês morto em 1275, muito versado em direito civil e canônico, mas do dominicano, de Tréguier, Briton, morto em 1296, autor de muitos comentários.

674. Doutor e Padre da Igreja, que escreveu em grego um grande número de obras (185-253). Orígenes, como Erasmo lembra aqui, aprendeu já maduro o hebraico para poder fazer uma comparação entre as diferentes versões da Bíblia usadas pelos cristãos de sua época. Cf. nota 542.

675. O *Catálogo* dos homens ilustres.

676. A edição do *Novo Testamento* preparada por Erasmo foi publicada por J. Froben em Basiléia, em 1519; compreendia o texto grego e a tradução do texto. Era completada por um volume de *Annotationes* (Anotações).

677. Cf. nota 610.

678. Em 13 de abril de 1505, Erasmo publicara em Paris as *Anotações de Lorenzo Valla sobre o Novo Testamento*: "simples trabalho de filólogo, observa M. Renaudet, mas que podia dar aos teólogos uma lição de método, e mostrar-lhes como se deve, antes de explicar a Bíblia, estabelecer-lhe o texto com todas as precauções da crítica".

679. Jacques Le Febvre d'Étaples (1455-1537), polígrafo francês e um dos homens mais sábios de seu século, publicara, em 1512, uma edição das *Epístolas de São Paulo*, acompanhadas de comentários, nos quais emitia opiniões dogmáticas que o separavam da Igreja Romana, rejeitando a predestinação, não admitindo que a fé sozinha possa salvar, dando pouca importância à confissão etc. Logo ele veria algumas de suas afirmações serem tachadas, pela Sorbonne, de heresias (9 de novembro de 1521) e alguns de seus livros serem apreendidos por ordem do Parlamento. Foi obrigado a procurar asilo em Estrasburgo, até o dia em que Francisco I, deixando a prisão de Madri, o fez preceptor do príncipe Carlos, seu filho, protegendo-o contra as perseguições.

680. Em 11 de março de 1513, isto é, entre a época em que Erasmo escreveu o *Elogio da loucura* e a de sua resposta a Dorpius, o cardeal João de Medici, sucedendo a Júlio II, recebia a tiara sob o nome de Leão X. O novo papa era um letrado aberto a todas as influências do Renascimento, e um amigo do humanismo erasmiano. Já em março de 1514, ou seja, um ano após a eleição do pontífice, Erasmo escreve uma carta a Antonin de Bergues, abade de Saint-Bertin em Saint-Omer, uma carta onde opõe, para elogiá-lo, o novo papa, "homem íntegro, sábio e sensato", ao belicoso Júlio II. Em março

de 1515, no terceiro prefácio à publicação das *Obras de São Jerônimo*, ele exprime o voto de que Leão X, "tão instruído quanto bom", não somente aprove seus esforços, mas também os encoraje com grandes recompensas. Em 15 de maio de 1515, escreve a seus amigos, os cardeais Riario e Grimani, e depois, em 21 de maio, ao próprio Leão X, para solicitar a proteção pontíficia e procurar orientar a ação de Leão X em favor do espírito novo. Em 10 de julho, Leão X respondeu a Erasmo aceitando, como lhe era pedido, a dedicatória de sua próxima edição de São Jerônimo, e mandou ao rei Henrique VIII da Inglaterra uma calorosa carta de recomendação em favor de Erasmo, que se tornava um dos mais preciosos auxiliares do papado. Cf. sobre as relações de Erasmo com o novo papa o fiel relato de Th. Quonian, *Erasmé*, 1935, cap. V.

681. Paludanus é o nome latino de Desmarais, nascido em Cassel, falecido em 1525 como reitor da Universidade de Louvain. Fora o mestre de Geraldo Lister.

682. Geraldo Lister, médico e humanista holandês, escrevera *Comentários do Elogio da loucura*, que deixaram Erasmo muito contente. Estes comentários acompanhavam a edição do *Elogio* publicada na Basiléia por Froben, em 1515, e eram dedicados por "Geraldo Lister, renano, a João Paludanos". Foram reproduzidas muitas vezes nas edições do *Elogio*, publicadas nos séculos XVI, XVII e XVIII.

683. Nevius era diretor do colégio do Lis em Louvain.

684. Martim Dorpius não deixou sem resposta a carta de Erasmo. Sua carta opõe ao ponto de vista humanista reformadores o dos teólogos conservadores. Nela afirma desde o início que o julgamento dos teólogos vale mais do que dos bispos, dentre os quais bem poucos, segundo ele, praticavam então "as virtudes que São Paulo, em sua Epístola a Timóteo, exige de um bispo". Surpreende-se de que Erasmo, que tinha tantos belos assuntos para escolher, tenha cedido ao prazer de escrever um panfleto contra os teólogos; que ele diria se tratassem seus amigos humanistas como ele tratou os teólogos?

Pensava que a eles se devessem preferir os poetas e os helenistas? E especialmente um Poggio, que é digno de "ser entregue a Vulcano", um Pontano, que não passa de um velhaco? Dorpius também censura Erasmo por falar de uma "nova raça de teólogos... funesta por seus trabalhos", quando estes teólogos não lhe parecem diferentes dos campeões de fé e dos santos homens da Igreja, como os Boaventuras e os Tomás. Em suma, sustenta contra o humanismo letrado a atitude hostil dos teólogos.

Ao contrário, ao mesmo tempo em que Dorpius lhe respondia acremente, Erasmo recebia do cardeal Rafael Riario, dignatário da corte pontifícia, uma carta das mais lisonjeiras. "Eriges para a Igreja, escreve-lhe o cardeal a propósito de sua edição de São Jerônimo, um notável monumento... que tornará teu nome imortal." E a opinião do cardeal Riario sobre a obra de Erasmo era partilhada por grande número de bispos.

Era esta a opinião, claro, de Tomás Morus que, em 1516, escreve, por sua vez, uma carta a Dorpius para defender o *Elogio da loucura*, e que publica, em 1520, uma carta a um monge que lhe enviara indignas calúnias contra Erasmo. Três anos antes, em 1517, estando em Calais e recebendo da Antuérpia o retrato de Erasmo pintado por Quentin Matsys, Morus lhe escreve estas linhas repletas de afeição: "Não podes imaginar, meu Erasmo, meu caríssimo Erasmo (*erasmiotatos*), quanto esta nova atenção de tua parte me prende ainda mais a ti!... E é maravilhoso como me sinto enlevado quando me vem o pensamento de que nos anos mais longínquos me tornarei famoso pela amizade, pelas cartas, pelos livros e pelo retrato de Erasmo". Cf. P. Bridgett, *Vie de Thomas More*, 109, 110, e Henri Brémond, *l. c.*, cap. II.

# *Índice Analítico*

## *ELOGIO DA LOUCURA*

## *CARTA A DORPIUS*